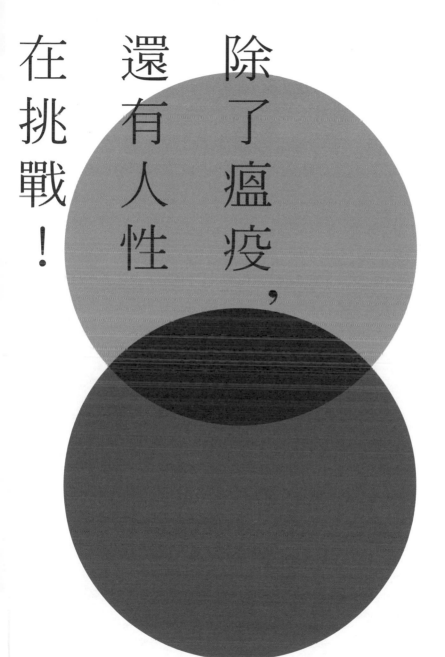

除了瘟疫，還有人性在挑戰！

臺灣精神分析學會●叢書02

瘟疫／政治／精神分析

除了瘟疫，還有人性在挑戰！

# 目　錄

除了瘟疫，還有人性在挑戰！

序｜

# 台灣疫情現在進行曲下的複雜心思

蔡榮裕

　　《除了瘟疫，還有人性在挑戰！》是「臺灣精神分析學會」跨領域工作坊，兩個主題的文章結集；一是《現實那麼遠‧瘋狂這麼近／精神分析與政治》，分別於2019年7月14日在高雄長庚醫院兒童大樓6F國際會議廳‧藍廳，以及2019年10月19日在台北「臺灣精神分析學會」會址舉辦。二是《分析在瘟疫蔓延時／精神分析與瘟疫》，2020年7月18日在高雄長庚醫院永慶尖端癌症醫療中心2F多功能會議室，以及2020年11月8日在台北「臺灣精神分析學會」會址舉行。

　　「臺灣精神分析學會」傳承自佛洛伊德以降，對於精神分析和其它學門之間的對話，這一直是個重要的課題，因此，學會每年策劃一場以【精神分析跨領域工作坊】為名的學術活動，原本只在台北舉行，後來高雄和台南地區的精神分析在地發展逐漸有了規模，於是在台北和台南或高雄各舉辦一場。

　　COVID-19疫情在出版本書的此刻，不再如一年前平靜了，病毒已經進入了台灣的社區，雖然整體上還是在可以控制的情況，但是疫苗在國際間的爭奪，使得台灣無法如預期擁有足夠的數量，各種假訊息所構成的認知戰或心理戰，正在台灣上演著。精神分析能夠幫我們看見什麼嗎？這是後話，先回到我們曾說過的文字資產，咀嚼一下，再往走前。

　　我依著章節的順序，略微說明每篇文章的主要論點。

　　許瑞琳醫師談論瘟疫的影響，她以感性的筆觸，描繪瘟疫帶來的心理衝擊。不過這些眼前經驗的描繪，是有著更早時SARS事件的親身經歷作基礎，她也把當年的日誌，放在附錄裡供大家參考。「最後想跟大家分享18年前爆發SARS時，我在台大內科公館院區任實習醫生，是台大急診住院的後送單位，當時台大急診曾爆發群聚感染，總共有15個人感染到SARS，我前前後後共接觸到6個病人，因此住進北醫負壓隔離病房所寫的隔離日記。」她以佛洛伊德、溫尼考特和奧格登等人的論點，談論最近一年COVID-19在全球橫行，所帶來的恐懼如空洞般的感受。雖然舉行這場工作坊的當時，台灣尚可以守得住疫情，但是不知道病毒何時會侵門踏戶的心情，她以精神分析的論點來消化這些經驗，如她期待的，「我覺得很像黑洞和子宮放在一起，加上很多一點一點亮亮的想法，就是具有生命力且美妙的畫面。」

　　王盈彬醫師在〈改變中的直覺〉描繪在異地旅行，走進藥妝店，發現口罩被買光時，浮現的直覺：有大事要發生了。如同當年某些老教授，看了一輩子的病人，也有豐富的醫學科學知識，卻也常說看病（人）是一種「藝術」。盈彬在本文裡，是從直覺的角度，描繪那時倍受衝擊，卻難以完全說清楚的經驗。那是COVID-19即將打垮世界各地醫療系統前的徵兆，盈彬試著從比昂的論點，進一步探索這種直覺的深層心理意義。「在《專注與詮釋》（Attention and Interpretation）中，比昂（Bion）對於直覺及其價值談論了許多，他為了方便起見，當把『直覺』（intuit）視為精神分析師的專業領域時，平行類比為臨床醫師所使用『望』（see）、『切』（touch）、『聞』（smell）和『聽』（hear）的專業感官能力。這與他對精神現實的理解是相關的，精神現實是不能被觸摸、被嗅聞或被看到的，它們並非是透過身體感官來理解的。」

　　劉又銘醫師的〈20古堡：撕咬下的碎片〉，是2020年1月疫情剛浮現出來，他以親身在醫院科主任的位置，突然被要求回醫院並提出防疫政策的痛苦經驗。他仔細描繪自己在面對未知的病毒，想像替醫院和病人設計出一套處理的標準流程時，如何縱身於電腦遊戲。「這是喪失，這是毀滅的空間，站在恐懼的前面，英雄與喪屍都是傀儡？I feel destructed. 但我還可以思考，喪屍不行，我不想這趟旅途停下。我想，玩下去。我想活下去。我想，活著回

來。I wanna be restored.」又銘描繪很感人的內心經驗，和精神分析的語彙交流，直到「我說了好多事，這一切說明了不只一件事，但有一件事或許跟一切都有關：生命是脆弱的。也許我在害怕看見這一點：害怕死亡真的很可怕。我用看見這一點，嘗試擁抱生命的脆弱，嘗試認可自己的弱小，嘗試去產生死亡沒那麼可怕的感覺。」

周仁宇醫師的〈疫情下的獨裁與民主〉，讓瘟疫和政治的課題更緊密相連結。他談論疫情裡，公共衛生的手段是很難不涉及政治，尤其台灣，在國際間的特殊處境。仁宇從疫情初期，心理治療對於戴不戴口罩的爭議裡開講，這涉及了這個行為是否會危及我們所認識的精神分析？不過仁宇談得更深入，他從溫尼考特對於恨意和民主的概念出發，談了台灣曾有的歷史創傷，以及「公媽情結」的影響，他試圖從治療師內心裡的民主和獨裁，另找出路來談疫情下的人性，「在『公媽情結』極度糾結下，只有家族而沒有個體的聲音。此時個體只有『無情』與『假我』兩種選擇。在家族的壓力下，他只能暫時順服，一旦本能的衝動將他帶向無情，他便得面對家族的攻擊，以及隨之而來的危險與罪惡感。在這樣的處境下，『真我』要保持活力，遠比『無情』或『假我』來得艱難。」

李俊毅醫師的〈邊界消失日，高牆聳立時〉，「我今天要講的重點大致有兩個。第一，高度傳染性的病毒如何破壞人與人之間，群體與群體之間的『關係』（relation）

與『界線』（boundary），這也牽涉到有形無形的『距離』（distance）這個因子。第二，為了控制疫情蔓延所採取的檢疫措施與隔離策略，彷彿樹立一道高牆，對於個人與群體而言，隔離形同孤立，高牆內被孤立的人們，心智狀態會有什麼變化？對外又是什麼態度？這些效應不但影響人們的現實生活，也出現在治療室內的某些特殊情境中。」俊毅的主要基調，是從佛洛伊德和其他分析師，對於自戀和性倒錯的概念，來想像疫情可能影響人和人之間的關係，尤其是關係和界限，在全球化後，因疫情的蔓延，而再建構出界限的心理意義。

如前所述，瘟疫下的處置不可能不涉及政治，尤其是公衛政策的手段，這就牽涉到個體的欲望和群體的生存之間的落差。這種落差是可以跨過去的裂縫，或是巨大的鴻溝呢？例如，在其它國家有人為了不願被規定要戴上口罩，而刻意集結人群上街頭抗議。而我們學習的心理學都是泊來品，大都是以「個體」的利益做前提，那麼在利己和利他之間，我們的心理學可以說得上話嗎？尤其是涉及政治；政治，就是群體之學了……，精神分析能在這些重大主題上說什麼嗎？前述五篇是以不同的方式，來述說我們在疫情下的思索。

本書的「政治」主題，是來自於曾有的政治風潮──「韓氏旋風」席捲了政治的狂熱，讓很多人擔心和不解，台灣是怎麼了？台灣的自由和民主，是否會自毀？而且是

毀在多年來犧牲了不少人，才獲得自由和民主的方式？顯然這是表面下的自由和民主，內在裡看來仍是有著距離？有人站在另一邊，要讓海峽兩岸不要再有距離，那麼在台灣人心裡，對於這個海峽是如同森林大火的防火巷，或是覺得海峽需要心中的泥土來填平它？此刻，已經有不同的情勢，但這些爭議就過去了嗎？這涉及了我們對於「韓氏旋風」的了解是什麼，是否有正確地捕捉它的內涵？就先看看接下來四篇文章提供的一些想法。

李俊毅醫師在〈政治現實：合理與不合理〉裡提到，台灣的政治氛圍如此對立，適合我們來談政治嗎？俊毅關切台灣由於歷史經驗，而沈陷在「倒錯」和「分裂」的認同裡，他期待台灣可以走過這次韓氏風波，而走向自主的民主。對於是否要公開談論政治議題，他提出以下的想法，「也許有人質疑，精神分析工作者標榜的『中立』（neutrality）在討論這樣的議題時如何自處？Hanna Segal（1997）要大家區辨什麼是『精神分析性中立』（psychoanalytical neutrality）？什麼是『道德性中立』（ethical neutrality）？前者是臨床工作者在診療室工作必須遵守的原則，執著於後者卻形同容許我們自己被閹割（neutered），試想，希特勒與受害者之間，蔣介石與受害者之間會有實質中立可言嗎？關於道德性中立，Hanna Segal提醒大家，診療室外，不同於僧侶般出世，精神分析師必然有各自的客觀性，有資格、也有道德義務將可預見的危險讓人們知道。」

　　彭奇章心理師在〈言論自由與寒蟬效應之間：在心理世界打拚經濟的迡迌人〉裡，面對台灣現況在政治上的撕裂和對立，奇章除了提出比昂的「涵容」概念，作為撕裂兩方的中介帶，也提出了佛洛伊德的「幽默」概念，化解分裂對立。不過也深知這些作法，大概都難以一下子就消弭台灣特殊歷史因緣下的對立，這需要時間來慢慢消化。他以台灣話裡對迡迌人回頭的等待，表達他的期望，「等到多年後的某個時間點，迡迌人像是突然明白了什麼，而開始聽從家人的勸告，回到社會常軌來生活，此時家人的心中會有一聲感嘆地說著，你總算『甘願』了。或許每一位用心和立場對立一方溝通的人們，始終都在面對類似的心境，而雙方在彼此眼中也都是那位迡迌人，等待這些煎熬終有一天能帶來『甘願』。」

　　蔡榮裕醫師〈論政治的謎題：回得去嗎？回不去了！失落空洞場景裡的迴聲〉想探索的是，當我們要對診療室外，團體或社會傳達精神分析的觀點時，以團體或社會作為一個整體的存在，它會產生什麼樣的阻抗？我們對於這些阻抗形式和內容的觀察想像，是否是精神分析運用時更重要的事呢？若使用當代的語言：「如何在異溫層裡仍有可以討論的可能性呢？」這是一個比在診療室裡更困難的事嗎？「我的困惑才剛開始，我真的不相信，我說的這些話是有用的，甚至他們願意停下來聽一下我在說什麼？我只能說給同溫層聽聽，如果精神分析取向的核心技藝，是

在兩個人之間觀察和詮釋移情，或者有時是呈現必要的同感存在，那麼精神分析要與大眾溝通時，有群體的移情對向我們，讓我們可以分析嗎？或者我們只能在故事裡，建構生命更早年、更遙遠過去的心理史？」

單瑜醫師的〈一個人在唱歌〉，以政治歌曲的內容為素材，切入探索政治的面向。他從政治歌曲的感染力出發，除了音樂本身之外，同時深入歌詞文字，探究足以打動人心的力量，並從這個主題回到群體與個體的連結，談論大家可能都有體驗過的，幽暗卻矛盾的「尷尬」，以及期待又怕受傷害的「不安」。文中分析從1977年李雙澤的〈美麗島〉到1998年林生祥與觀子音樂坑發表〈遊盪美麗島〉，以及林生祥的〈南方〉、陳明章的〈幸福進行曲〉等，在政治運動上的能量。「這篇文章從我在眾人前的演講經驗開始，以『政治歌曲』作為文本，並引用佛洛伊德數篇討論『群體』、『文明』、『戰爭』的文獻展開對於『政治』的討論。我在書寫時想像了『一個人在唱歌』的場景，就像是我站在會議廳、講堂對著許多人唱歌。『一個人在唱歌』這樣的想像讓我思考這個人是什麼樣的人，唱的歌是什麼樣的歌，甚至一個人唱歌是在唱給誰聽。」

由於一些陰錯陽差，讓原本應該是「瘟疫」和「政治」兩本出版品，巧妙地集結成這一本書，卻意外地相互彰顯了，台灣疫情現在進行曲下的複雜心思。

瘟疫與隔離

# 是黑洞還是子宮

**許瑞琳**

精神科醫師
臺灣精神分析學會會員

當瘟疫大軍長驅直入，大家倉倉惶惶地拉緊封鎖線，堆疊焦慮的磚、猜忌的牆，在一片煙硝瀰漫的牆後，是濕濕冷冷、疊手併足的防空洞，還是不見盡頭、黑暗漫漫的隧道？在這個隔離的空間裡，難道不可能是那黎明前黑暗溫暖的子宮？難道不會是落英繽紛、芳草鮮美的桃花源？

　　西元2020年年初，李文亮醫師吹亮第一聲警哨聲，刺破了一個個歡天喜地、大紅大金的新年願望，取而代之的是鋪天漫地的白色消毒水，滲透到心底的黑色恐懼，霎時炸斷橋樑、砍斷公路，甚至在隔壁鄰居的大門釘上木板，不准出門，每個人膽顫地躲在家裡，開著電視、瀏覽網路裡傳來的一則又一則的死亡消息，彷彿年獸真的來了，人人自危！這次的年獸是小到看不見的病毒，蜷伏在你我身邊，但，誰是人？誰又是獸？

　　瘟疫下的隔離，伴隨著對未知的恐懼，如同被牢籠緊緊地圈住，冰冷的欄杆將希望和信心切割成片，隨著時間愈長，愈束愈緊……，令人窒息的黑暗像黑洞般吞噬紅色的熱情、擾亂絢麗的想法，唯有白色空洞的心抵禦著黑暗；有沒有可能找到一條臍帶，注入紅通通的血液，暖和我們的心，讓我們可以繼續心跳、繼續思考，就像待在母親黑暗卻溫暖的子宮裡，安靜安全地孕育出新生命？

　　1665年的倫敦，鼠疫蔓延，死屍堆埋街頭，這場黑死病奪走八萬人性命，相當於倫敦人口的五分之一，大學被迫停課兩年，當時牛頓回到風光明媚、陽光和煦的伍爾索普莊園隔離，他坐在蘋果樹下，被掉下來的蘋果打中頭，腦袋電光石火一閃，發現了萬有引力，不僅僅如此，這兩年他又陸續發現了力學、微積分、光的散射，在瀰漫著死亡的氛圍裡，牛頓孕育出好幾個跨世紀的創新想法。

　　死亡，會不會同時也是一種對生命的刺激？為了對抗

死亡，生命力必須更加強大！當瘟疫來襲，是什麼關鍵點決定路徑：要朝向更蓬勃發展的生命，還是步向逐漸衰敗的滅亡？

「印加文明」是美洲三大古文明之一，稱霸一千年歷史，擁有一千萬人口。強大的印加帝國雄踞在兩三千公尺的高原山脈上，兩側都有河流經過，是個與世隔絕的美麗仙境。16世紀，一支一百多人的西班牙軍隊，將瘟疫帶到這裡，皇帝染上天花過世，兩位繼承人為了爭奪王位爆發內戰，傷寒、流感、天花、麻疹、白喉接連爆發，接二連三的瘟疫就這樣殲滅了印加帝國。我們可以試著思考，當隔離過久，反會膨脹成巨大脆弱的狀態，若遇到一個極小的、不曾接觸的刺激（病毒、細菌），就足以潰堤滅亡。

精子和卵子的受精過程，也像極了精子瘟疫大軍進攻封閉隔離的卵子，五千萬個精子像千軍萬馬般奔騰，只有十個驍勇的精子會抵達終點，最終只有一個精子能鑽透卵子，與其結合成受精卵，「一個」精子就是決定生命和死亡的關鍵，卵子只能承受一個精子的刺激成為一個受精卵，子宮的空間也只能容納一個受精卵分裂成胎兒。嬰兒出生也像帶給父母一場瘟疫，「家」這個場域，父母的心智和生活全數被嬰兒佔領，直到父母適應了改變，才能開始享受育兒的樂趣。

從卵子、子宮、家庭、學校、到社會，上一階段相對

下一階段都是在封閉隔離的狀態，下一階段相對上一階段都像一場瘟疫入侵，對有些人而言，這個刺激太過巨大，無法承受，會一直躲在上一階段，不敢解除隔離，譬如拒學症，如果能順利通過刺激的考驗，就有機會打開更多的視野，讓生命更加豐富。

因此，瘟疫有其必要性，它帶來一種生命的刺激和改變；瘟疫時的隔離也有其必要性，它避免承受超載的刺激而導致滅亡；平常的隔離也有其必要性，如此才有時間和空間去慢慢形成自己的想法。

孕育想法就像珍珠形成的過程，珠蚌受到異物入侵後，為了減輕異物刺激的痛苦，會分泌珍珠質將異物層層包裹起來，經過二到五年的時間，變成一顆漂亮的珍珠；如果沒有異物入侵，或是隔離時間不夠久，或是一直有異物入侵，都無法形成珍珠，打開珠蚌時就空空的，什麼也看不到。

台灣是個封閉的海島，就像密閉的蚌殼一樣，但命運坎坷，時常被外族入侵，400年來被殖民了四次，荷蘭、明鄭、清帝、日治時期，國民政府來台後實施了戒嚴、228、白色恐怖，解嚴後又頻繁地政黨輪替，國民黨、民進黨、國民黨、民進黨，就像珠蚌不斷受到異物入侵，隔離時間不夠久，很難形成珍珠般的國家核心價值，只剩打開來空空的珠蚌，但也必須是空空的，才容易順從適應下一個朝代。每當選舉，總是面臨改朝換代的威脅，許多人

會出現一種亡國感，這種空空的狀態，使台灣人沒有自我主張、人云亦云，聽到什麼好就跟著模仿，如同瘟疫蔓延的特殊現象。

台灣不曾因為瘟疫而滅亡，反而造成一窩蜂的大流行，到處都有人排隊：一蘭拉麵在台灣打破國際排隊紀錄、買iphone可以漏夜等待、為下一代可以起早排學校……，當流行戴口罩時，全世界就台灣人做得最好，甚至精益求精、發揚光大，很多藥局、口罩的紛絲團，關切每天推出的新花色，節慶款、活動聯名款，甚至戴上中衛口罩也能讓人稱羨。

2020年3月15日，疫情尚嚴峻不明，台中衛道中學的入學有8000名小學生赴考，幾千名家長擠在校門外，摩肩接踵，焦灼地等候；考私中的瘟疫似乎比新冠肺炎還嚴重，小孩輸在起跑點的焦慮比得到肺炎還令人害怕！

有沒有可能當我們先感染到一種瘟疫後，就會像喪屍一樣，不怕其他瘟疫？為了讓小孩考上理想私中，很多小孩從小學三年級開始進行超前兩年的部署，學校下課接著上補習班，時間被塞得滿滿，像是珠蚌不斷被異物入侵的概念，很難形成自己獨立思考的空間，久而久之，小孩會不會變成沒有自己想法、而是裝滿大人期待的喪屍？或許只有這樣，才能同意放棄玩樂和休息，來完成超前學習的任務。

## 如何用精神分析來解讀瘟疫與隔離？

　　1909年佛洛伊德受邀到美國演講，他站在船上看著船駛進紐約港，港口擠滿歡迎的人潮，他轉頭對榮格說：「他們不知道我們帶來的是一場瘟疫。」佛洛伊德是個野心家，想用精神分析征服美國，成為他思想的殖民地。他帶來了精神疾病和心理衝突有關的新知，在當時，社會認為精神疾病是種器質性疾病，治療方式是將病人拘禁在療養院，有錢人則在溫泉度假中心，以隔絕外界或透過對身體強烈的刺激來減緩精神症狀，方式包括：胰島素昏睡法、大腦前葉切除手術、電療休克法……。

　　佛洛伊德引進精神分析理論後，在美國有好一陣子蔚為風潮，精神分析成為最主要的治療方法，直到「百憂解」等陸續問世後，精神分析才逐漸被藥物所取代，但精神分析所探討的心理動力、潛意識等概念，到現在仍有舉足輕重的影響。

　　佛洛伊德說：「我們的意識只是浮在水面上的冰山一角。」水面下大塊的冰山是封閉的潛意識，是深邃緊閉的黑盒子，封藏了讓我們焦慮害怕的禁忌、意念和想法。當潛意識的意念浮現上來，我們會有一種內部被入侵的感覺，如同從外部入侵的瘟疫，引發我們強烈的內外衝突，於是感到危險、威脅、和不安，自然而然會啟動內在防衛機轉，就像拉緊外部的封鎖線那樣來降低刺激、減輕威脅和消除焦慮；每個人都有自己獨特的防衛機轉，就像戴上

口罩，不管是布口罩、外科口罩、N95，只要能讓我們安心、降低焦慮恐懼，我們就會一直戴著它。先來看看兩個臨床案例：

案例一：20歲男大學生，在紐約交換學生時遇到疫情，學校課程、生活和旅行計畫大亂，他怕爸媽擔心不敢跟他們說；太多現實問題無法解決，太多焦慮無法消化，只好用精神症狀脫離現實。「我被賦予要拯救全世界免於被武漢肺炎毀滅，尤其要保全台灣，但被外星人綁架了，救不了全世界，只能先救自己。我把隔離的房間充滿氧氣，再由幻聽指示逃出。」可以看到他焦慮無助到用精神症狀把自己包起來，讓自己可以暫時隔離，彷彿躲在隔絕的太空艙裡，飄浮在黑暗無垠的宇宙中；啟動這樣的防衛機轉是很難解除的，試想，一走出太空艙就得面臨沒有空氣、沒有光亮的黑暗，任誰都寧願躲在小小的艙裡。

案例二：30歲女上班族，生命有太多的失落，被生父母拋棄、養母病逝、男友移情別戀，平常靠追星、聽演唱會維持對生命的盼望和熱情。疫情期間，演唱會紛紛延期取消，絕望和痛苦無處可藏，所有的失望和憤怒一擁而上，她無法壓抑也無處轉移，她身旁沒有足以讓她安心、不會拋棄她的客體，她非常焦慮，即使服用大量鎮定劑和安眠藥也無法睡覺。她服用更多更多的鎮定劑和安眠藥企

圖讓自己平靜下來，最後引發癲癇，醒來什麼都忘了，忘記她的期待和失落，用空白來隔絕情感和痛苦。

　　我們的防衛機轉是一層又一層，當一層擋不住，就再啟動下一層，直到擋住為止，只為了讓我們可以存活下去，但身體雖然活著，心智會因為啟動防衛機轉層次的不同，決定我們是處在黑洞還是子宮，是心智死亡還是存活。上述舉的兩個案例都是在黑洞的層次，不能有其他想法、不敢走出隔離，無力面對和改變現實。

　　掉進黑洞的感覺，就像《哈利波特》中被催狂魔吸走所有快樂和希望，沒有剩下任何一絲美好的感覺，處在黑洞中，就像被拘禁在小島上的阿茲卡班監獄裡，不需要高牆和海水把人關住，因為犯人都被囚禁在自己的腦子裡，啟動黑洞般的防衛機轉，讓這個人只剩下一具空殼，雖然活著，但只是行屍走肉。

　　哈利波特唯有召喚出護法咒，那一頭璀璨奪目的銀鹿，擋住、驅趕走催狂魔，才能全身而退，像躲在子宮裡，讓想法繼續長大。然而要啟動像子宮那樣的護法咒，是有條件的，秘訣就是回想一段快樂滿足的回憶、灌注最積極的情感。每位巫師召喚出來的護法都不一樣，不管是哈利波特的鹿、金妮的馬、榮恩的狗……，我們可以想像成，這是每個人內在獨特的好客體。

　　要如何得到這個好的內在客體，可以在我們遇到危險

時召喚出來保護我們？有一個循序漸進的過程：

1. Going on being：嬰兒剛出生時是在很自戀的狀態，以為世界是由他創造，這個假象當然是由全心全意在旁邊照顧嬰兒的媽媽所營造出來的，媽媽滿足嬰兒的慾望到嬰兒以為媽媽是他的一部分，形成全能自大的錯覺。很多成人，身體已經發展成大人，心智卻停留在嬰兒；《巨嬰國》這本書就是在談大部分的中國人是個巨嬰，因為媽媽一直滿足小孩，讓小孩停留在這個階段，無法進到下一階段。越原始自戀的階段，越讓人舒服，越不想往前行。

2. The subjective object：此時嬰兒和媽媽是融合的，兩人自成一個封閉的連結體，像連體嬰般水乳交融，因為彼此是相通的，你泥中有我、我泥中有你，沒辦法區分是誰的想法。嬰兒必須藉由媽媽回應他的聲調、表情、動作，來慢慢理解和創造自己的樣子，就像照鏡子一樣，嬰兒透過照媽媽這面鏡子來看到自己的樣子（鏡映）。

3. Mother-as-object：要打破母嬰封閉的狀態，通常要由第三者，例如父親的介入，才能讓嬰兒和媽媽

真正分開，嬰兒才開始有客體出現，才能溝通對話，彼此才能清楚哪個想法是誰的。

4. Transitional object：小孩已經知道媽媽是和他分開的，但很多時候還需要媽媽在身邊安慰自己，這時會先用過渡客體來取代媽媽，例如娃娃、毯子，可以消除媽媽不在時，緊張的撫慰物；可以進一步延伸為提供我們安全感、情緒平穩、和重要他人產生象徵連結的人事物，例如藝術、音樂都是一種過渡客體的形式。

5. Internal object：直到媽媽變成內在客體，媽媽就像住在心裡面，隨時可以念護法咒，把媽媽召喚出來保護、安慰自己，除了父母，也可能是宗教形式，例如全能的上帝、慈悲的菩薩，都可能是我們好的內在客體。

有好的內在客體，也會有壞的內在客體，好壞內在客體的差別，在於客體的情感投入與否，就像手工和機器餅乾的差別，雖然用一樣的材料，但手工餅乾多了手的溫度，味道就是紮實窩心許多。媽媽對嬰兒的情緒鏡映，會在嬰兒心中慢慢結晶形成一個實心的內在客體，當召喚這個內在客體出來時，能提供一個有實際邊界的保護；而

缺乏對嬰兒情緒鏡映的媽媽，只能形成一個空心的內在客體，當召喚這樣的內在客體出來時，邊界是空無的，無法提供一個有邊界的保護。

會鏡映的媽媽在餵奶時會說：「你哭這麼大聲是餓餓了嗎？」、「想喝ㄋㄟㄋㄟ嗎？」、「喝這麼快，一定餓壞了！」、「喝飽了所以不喝了嗎？」、「笑這麼開心應該喝很飽喔？」、「媽媽幫你拍拍打嗝。」不會鏡映的媽媽，像一部按照標準流程、完美無瑕、不停運作的機器，一聽到嬰兒哭就塞奶，不管嬰兒當下的感受如何，之所以如此，常常是媽媽更專注在自己的感覺和需要上，要成為教科書上的好媽媽，一心要打造一個完美的嬰兒，而無法感受嬰兒真正的需要、量身打造回應他，這種機器式不帶感情溫度的媽媽，形成的內在客體就是空心的。

世界對嬰兒而言是陌生的，需要透過媽媽的鏡映去認識，給他一個有邊界的世界，否則嬰兒並不知道這個東西會不會繼續擴大到吞滅他；打預防針時，嬰兒並不知道針刺的感覺會持續多久；剪頭髮時，嬰兒並不知道剪刀是否也會剪斷他的手和身體。當內在客體是壞的，內在空心的狀態會讓我們脆弱不安，遇到威脅危險時，這樣的內在客體也沒辦法保護我們，只會更加重我們的恐懼和焦慮，所以內在空心的人有機會返回自戀狀態時，必定返回，大家都想要被媽媽照顧和愛的感覺，尋求自戀滿足，並且會把自己隔離起來，避免美好的自戀被破壞：

1. 退回原初自戀的狀態：媽寶＆精神病。當一個空心的成人娶了一個把他照顧到無微不至的太太，可能會被養成媽寶，或是有些人掌握一些權力呼風喚雨後，就自以為是全能自大的，為了能盡量停留在那個狀態，會把自己隔離起來。跟這些人相處時，我們會感覺跟他是活在不同的平行時空，無法溝通，就像精神病的病人，完全沈溺在他所創造出來的妄想世界。

2. 退回母嬰相連的狀態：理想化他者＆同溫層。陶醉在和媽媽母嬰相連、水乳交融的階段，例如熱戀。找一個理想化他者去崇拜，我要挺我的媽媽，我的媽媽很厲害所以我也很厲害，像某些政治人物、或神棍或詐騙集團，一定有打通某種和民眾相連的自戀。或是像參加白沙屯媽祖遶境、在教堂裡唱詩歌、聽演唱會，這麼多人齊心崇拜一個大偶像，會很有共鳴、很感動、很自戀滿足。或是所謂的同溫層，處在一直有人同理、認同自己的感受，像媽媽的鏡映一樣，這個狀態相對舒服，會讓自己處在隔離狀態，否認看見或聽見同溫層真實的狀況。

3. 處在自我隔離狀態：就是不讓自己有機會碰到衝

突威脅，所謂的濫好人、乖寶寶，一直滿足討好別人來讓別人對自己滿意，或是一直努力把自己的生活圈搞成無菌的狀況，只要把一切控制好就不會有衝突和威脅，就不必召喚內在客體出來保護自己，就不必發現自己的內在客體有多空有多弱。或是將自己隔離起來，沒機會去碰到空心，用喝酒、嗑藥麻痺自己，或是沈迷網路，來跟現實隔絕。

以上這些隔離現實的狀態都是像黑洞一樣，不能思考的。精神分析的工作，常碰到這些空心的病人，因為遇到強大的瘟疫，讓原本的防衛機轉潰堤，無法再處在自戀滿足的隔離狀態，空心的內在客體被迫暴露出來，強烈地焦慮不安。

治療的原理就是返回最初，藉由躺椅讓病人退化，由治療師給予鏡映、詮釋，讓病人越來越理解自己，並跟病人保持客觀的距離，讓病人慢慢建立自己的過渡客體；治療師的休假安排會和病人恰當的分開，培養他觀察自我和自行思考的能力，藉由這樣的溝通對話，讓病人的思考更深更廣，慢慢地把空心填滿成實心，直到治療師進駐在個案心裡面，形成好的內在客體。

這些進展是需要很多年的治療歷程，且會來來回回往返；其實老師、老闆、傳道者也常常有機會重塑一個人，就是我們所謂的「貴人」。

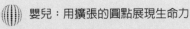 嬰兒：用擴張的圓點展現生命力

母親：用方格篩子狀來表達協助嬰兒調控環境

過渡客體：用弧線展現一種現代感，各種可能性和創造性

## 客體關係發展理論 (內文P.22-23)

1.Going on being

2.The subjective object

3.Mother-as-object

4.Transitional object

5.Internal object

## 好&壞的內在客體 (內文P.23-24)

1.好的內在客體能提供有邊界的保護

2.壞的內在客體無法提供有邊界的保護

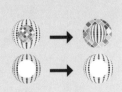

## 壞的內在客體 (內文P.25-26)

1.退回原初自戀的狀態：媽寶&精神病

2.退回母嬰相連的狀態：理想化他者&同溫層

3.隔離起來沒機會去碰到空心

溫尼考特談到獨處[1]：

　　嬰兒在生命早期曾被全心投入的母親所認同，會在長大獨處時，仍感覺母親在場的陪伴。

　　這個好的內在客體，可以投射出去，阻擋外在環境的迫害，唯有如此才敢獨處，敢和媽媽這個客體分開，穿梭在人際矩陣中分合自如，不會因為害怕被吞掉而不敢合、害怕被丟掉而不敢分。培養獨處能力，需要有一個他者在內心存在；在家裡就是媽媽，小孩因此能自己玩玩具、看書，在治療室裡就是治療師，能讓個案安靜地自己想事情。

　　佛洛伊德描述隔離[2]：

　　如果沒有防護層對抗外界刺激，有機體將會被殺死，防護層得變成無生命的無機物，為拯救內層的生命。為了對抗外界的刺激，會在最外層產生一層死皮，來保護裡面的柔軟的生命。

　　就像皮膚的角質是一層死皮，是為了保護裡面柔軟的肌肉、血管、神經。

---

[1] Winnicott, D.W. （1958）The Capacity to be Alone. Int. J. Psycho-Anal., 39:416-420.

[2] Freud, S. （1920）Beyond the pleasure principle. Standard Edition, 18: 7-64. London: Hogarth Press, 1955.

奧格登談隔離[3]：

　　隔離的能力取決於客體關係能力，要能將和媽媽相處的經驗置換成對環境的經驗，去緩衝、對抗世界的侵擾。和世界切斷聯繫時，需有能力將媽媽提供的好照顧置換成由自己提供，靠自己的心智功能維繫住感覺，一種能懸宕在生與死之間、不確定之間的創造力和信念，才可以保護我們免於不可預知的恐懼和痛苦，獲得暫時的喘息繼續存活下去，有別於用否認當防衛機轉造成的內心死亡。

　　母嬰之間有節奏的隔離、防守、撤退、來來回回，是很重要的發展過程，媽媽要能接受這樣的過程，有些媽媽不允許嬰兒離開自己，媽媽會感覺被拋棄，造成嬰兒只有媽媽環抱時才能入睡，媽媽的憂鬱、不回應會造成嬰兒躲在自閉的狀態，不願和媽媽多接觸。

　　人是掙扎在關係的拉力和自己的漂浮中，必須要發展出自我隔離才能橫跨這條線，逃離陷在機器般可複製的自閉狀況，形成一個保護的硬殼來應付未知世界的恐懼，人的一生就是被死亡所密密包覆著，殼是保障我們能在殼裡好好活著。

[3] Ogden, T.H.（1991）Some Theoretical Comments on Personal Isolation. Psychoanal. Dial., 1（3）:377-390.

　　「否認」就是把自己包起來，處在一種黑洞、隔離的狀態，因為世界不可能是無菌的、人際不可能沒有衝突、人事物不可能不變、生命不可能永恆不消失，所以不只在瘟疫時，心智發展的過程中，「隔離」也是扮演很重要的角色。

　　用納尼亞傳奇來理解這兩種世界的差別：因為害怕改變和死亡，用控制來否認所造成的內心死亡，就像活在白女巫的冰魔法世界，是一片死寂的，得要花很多力氣排除任何可能性和聲音；白女巫一聽到不一樣的聲音，馬上把反對者變成石像，像活在黑洞裡，無法思考。真正活著，是坐在亞斯蘭背上，在美麗的大地奔馳，有會講話的動物、會走路的樹、樹精靈、水精靈，各種不同的聲音和想法，也能聽見自己潛意識的聲音，像活在子宮裡，孕育著思考。

### 生之本能＆死之本能

　　Freud[4]："Neither of these instincts is any less essential than the other; the phenomena of life arise from the concurrent or mutually opposing action of both."

　　佛洛伊德提出生、死本能沒有分誰好誰壞，生命源於生、死本能的併行和相互對立，生、死本能是最原始的兩股對立力量，可以彼此刺激，當其中一方佔上風時，另一

---

4 Freud S (1933b) Why war? Letter from Freud （to Einstein）. *Standard Edition* 22:199-219.

方的勢力也會龐大起來；當生之本能脫離死亡本能，則失去拒絕、限制、停止某事的能力，造成無法無天的成長。瘟疫所代表的生和死是一體兩面，就像星際大戰電影中，當黑暗原力越強大時，光明原力也會跟著越強大，以達到平衡。同樣地，當生之本能太強大時，也需要死之本能強大起來平衡。癌細胞的擴張就是細胞的生之本能壓過死之本能的失衡，最終導致個體走向死亡。

　　瘟疫，是象徵死亡向人類入侵，還是為了阻止人類太過蓬勃發展的生命向外擴張呢？看高樓大廈蓋得如此無法無天，人類也像極了地球的癌細胞，死亡本能得上場阻止太過旺盛的生之本能，瘟疫是大自然對人類的反撲。當我們隔離在家時，自然界其他生物可忙著呢！墾丁珊瑚產下一顆顆粉紅色美麗的卵、印度海龜也上岸下蛋、印度孟買聚集了十幾萬隻交配的紅鶴……。人類對動物也如瘟疫，讓動物不得不處在隔離的狀態、甚至滅亡，當人類的侵擾減少，大自然又活了起來，可見這些動物在之前也有自我隔離的能力。人類應當要相信自己的生之本能，中國古人用搖鼓驅逐瘟神，現在五顏六色、爭奇鬥豔的口罩也彷彿化妝舞會般對抗瘟神，人類處在災難中，一樣會具備原始的、熾盛瘋狂的求生慾望。

　　嬰兒呱呱墜地時，是這麼天真急切地向世界吶喊，每聲啼哭都是嬰兒向外拋出連繫的絲線，父母必須接住絲線，循著絲線找到嬰兒的需要，予以回應，絲線就會定格

在某處、慢慢地交織成布、拼接成地毯，讓怯生生的嬰兒敢赤裸走到外面。如果沒有這塊毯子蓋住碎石和荊棘，腳會因為刺痛而裹足不前、會因為割傷而無法行走。反之，如果嬰兒拋出的訊號絲線，沒有被父母指認和接住，絲線會反彈捆住嬰兒，慢慢地交纏成繭，厚厚的繭隔離了嬰兒和世界，嬰兒於是斷絕對外的期待和熱情，否則他會被失望痛苦的絲線勒到窒息，只能靠不斷吸吮自己的手指頭獲得滿足，度過繭中自閉的狀態，或者得失去原始的慾望，沒有想望、沒有感覺，來度過繭中白色的日子。

　　不只嬰兒期，在人生的各個階段，我們都可能遭遇難以承受的痛苦或衝突，為了緩解痛苦，自己敷上一層又一層的麻藥，久而久之，被麻藥鎖住的表皮形成麻木不仁的死皮，雖然隔絕了錐心之痛，也隔絕了快樂的刺激和奔馳的想法，心智悄悄地死亡，自己不再是自己的主人，像禁臠般任由他人宰制；或是困在繭中，從現實世界撤退回自己封閉世界的繭居族，諷刺的是，繭居因為離群索居易被察覺，但心智空掉的狀態卻因為順應配合別人，而獲得肯定和讚許，被歸屬為合群、正常的，反而不易察覺，直到有一天驚覺自己的空洞、茫然，不知所為為何、存在為何，似乎生存價值在於取悅別人，對此感到深沈的悲傷──像風吹進蕭的空洞裏，不斷發出嗚咽的低泣、控訴、悲鳴。在診間和治療室，常常會聽見病人這樣描述自己：「我什麼都有，看起來很幸福，但就是不快樂。」或

是，「我一直很努力，對別人很好，但他們辜負了我，我很生氣。」

　　維持活的心智是費力的，讓心智死亡卻極其容易，我將活的心智定義在：「能進一步主觀地感受人事物，同時能退一步客觀地分析思考，並且能在過渡空間中創造各種可能性。」這必須在心智發展階段和他者有真正的分開，成為獨立成熟的個體，才能明白自己和他人想法的差別，不會因為想法不同就感到被對方拒絕和拋棄，不必為了維持關係而小心翼翼地和對方想法一致；心智要紮紮實實地發展成熟，必須透過前面所述，循序漸進的過程：先任性地從客體獲得自戀滿足、透過客體的鏡映來理解自己、有他者存在的獨處、建立可撫慰的過渡客體、最後形成好的內在客體，如此才能在孤獨時不感到孤獨，獨處時也能感受到來自內在客體的陪伴和鼓勵，就像船兒在無邊無際的夜晚航行，有點點亮亮的星光陪伴，恆定的北斗星指引方向，黑色帷幕是奇異幻想伸展的舞台，闃黑不再死沈寂寥，而是從此方過渡到彼方的銀河。

　　然而，我們的社會強調單一價值，重視人生階段的標準，大家總是開玩笑說，會隨著年紀不同，收到長輩一致的問候語：「要讀哪一間大學啊？」、「在哪裡工作？」、「何時結婚生子？」人生似乎像罐頭工廠，必須有個標準作業程序，偏離軌道就會受到很多否定和質疑；大家統一在直線跑道上，一起奮力往前衝，只求到達階段目標、然

後再到達下一個目標，這個狀態會讓心智不斷受到干擾，客體的標準和要求不停地闖進來，要一直回應客體的期待，無法和客體真正的分開。

或許我們誤解自體和客體的關係是連體嬰，以為只要和好客體連結上就不成問題，於是將希望灌注在尋找理想化客體上，用出嫁來逃離原生家庭，用轉學、換工作來解決適應問題，在選舉時也能看到這個現象，迅速造神、再迅速崩壞。有很多符合社會標準、看似社會功能正常的人，其心智在很小的時候就死亡了，是依附在社會準則的寄生植物，這些乖小孩的需要被忽略，不曾好好被回應對待，是藉由不斷滿足大人的期待來得到注意，幸好這群人的心智死亡會像種子那般，用堅硬的外殼擋住，建立一個假我來應付外在的要求，直到種子能落在安全的土壤上（任性自戀），受到大量雨水的滋潤（鏡映滿足），終於敢冒出嫩芽來（真我），這樣才能在社會森林裡，成為一株獨立的植物、開出自己獨特的花、結出自己風格的果。

瘟疫通常發生在習以為常的循環裡，才會快速地擴散出去，就像開在平穩筆直的高速公路上，不需要減速、停紅綠燈思考一下，當人與人的身體和心理沒有間距，一個病毒可以迅速擴散，一個偏見也是，但瘟疫並非都是壞事，當瘟疫癱瘓了原本的體制，反而有機會打破陋習，讓已經蒙上厚厚一層灰、混不自知的軌道被迫現形，去看清楚如何鏈結和重複地兜圈，這個破口可能是一灘死水的出

口，有機會再度成為會唱歌的水流。

　　瘟疫未必讓人死亡，通常是心智早已死了，終日惶惶不安，不斷企圖控制的狀態，或者完全與外界融合，沒有自己慾望想法的狀態，才會在瘟疫入侵時，受到感染即癱瘓一切；有些人因為一個挫敗，就全盤否定了自己，走向毀滅、殺掉自己一途。保有活力的心智，會在瘟疫、死亡的威脅下，愈是激發出生之本能，與之抗衡，而擁有暫時隔離的能力，調節外來的刺激，讓瘟疫不會強勢介入；也能試圖用自己的思考當武器，抵禦入侵，不會因為挫敗就坐困愁城，一籌莫展。

　　「隔離」有可能是閉關養息，也可能就此與世隔絕，只有自己能決定是否要放棄這個多彩世界，或撤回只有自己的世界。《潛水鐘與蝴蝶》中的男主角罹患閉鎖症候群，全身隨意肌癱瘓、只剩左眼皮能挑動，但他藉此與人溝通，並在他的指引下完成回憶錄。物理學家史蒂芬‧霍金罹患漸凍症，逐漸失去控制隨意肌的能力，晚年全身癱瘓，需依賴語音產生裝置來與人溝通，長達五十幾年的病症期間，他持續研究宇宙論和黑洞。肉體的隔離並不會真正限制想像，甚至還能對生命、對宇宙宏觀思考，囚禁在監牢也是一樣，肉體可以被扣上銬鎖，但沒有人可以真正束縛另一個人的思考和想像。反之，很多行動自由的人卻是活在監牢裡，被關係的枷鎖羈絆住，不能打壞某種好關係、不能破壞某種好形

象，這些控制是自己插下的鐵欄杆，密密麻麻圍困成一個牢籠。有些人總是擔心改變會帶來壞結果，執意活在自己能掌握的舒適圈，像是溫室般，調控著溫濕度和日照，讓其有著最合宜的設定，不敢走出戶外，擔心呼嘯的北風讓自己傷風感冒，套句時下最流行的《鬼滅之刃》台詞：「衰老跟死亡，正是人類這種生命短暫、生物美好之處。正因為會衰老、死亡，才令人覺得可愛、覺得尊貴。」也正是有四季嬗替、白天黑夜，才讓所有不足為奇的小花小草有了不停流轉的光影和色彩。活在溫室中，自以為掌握了最美的風景，殊不知是像鬼魂般不能見到陽光，永遠被囚禁在黑暗中不見天日，以為維持永生，其實早已死亡。

「隔離」不是銅牆鐵壁，也不是密不透風的防護罩，好的隔離像是通透的細胞膜，能調節物質的進出，攝入養分、排除廢物。自我隔離的能力來自被媽媽照顧的好經驗，媽媽能不能餵養嬰兒需要的情感和營養、能不能涵容嬰兒丟出的攻擊與恨意、能不能接納嬰兒不想接受的食物？唯有如此肯定，嬰兒才能慢慢理解自己的慾望，才能在安全的框架中奔馳想像、創造遊戲，不停地思考各種可能性。瘟疫不是死神降臨、毀滅萬物，而是像觸媒般，加快事物的反應：岌岌可危的應聲而倒，撐住的反而爆發更多生氣勃勃的契機，更多不必安於現狀的想法！誠如ARK方舟基金總裁凱薩琳‧伍德所言：Coronavirus was the perfect storm for tech innovation.

　　許多國家因為疫情推動了遠距心理醫療：在心智上要如何預防瘟疫入侵，而造成心智死亡呢？我認為，必須隨時保持客觀思考的能力，平時就要能接受各種新事物的刺激，實言的朋友、一場旅行、一本好書，都能像打疫苗般增加心智的免疫力和彈性。心智不是永生花，而是綠芽慢慢長大和茁壯，需要不停地吸收營養和澆水，否則心智會枯竭，變成灰槁的樹葉，一碰就碎。

　　人人身上都潛伏著瘟疫，因為，沒有人，世界上沒有任何人能免受其害。

　　　　　　　　　　　　　　　　　　——卡謬，《瘟疫》

　　最後，跟大家分享18年前爆發SARS時，我在台大內科公館院區任實習醫生，是台大急診住院的後送單位，當時台大急診曾爆發群聚感染，總共有15個人感染到SARS，我前前後後共接觸到6個病人，因此住進北醫負壓隔離病房所寫的隔離日記。

　　一切都從一坨小小的口水說起，terminal　intern[5]的我們都知道，on　NG時病人經常咳得口水四濺，偶爾就會沾上你純白的醫師服，也很常你必須拉出覆滿黏液的管子，再放進病人的鼻子裏，至於不識相黏上衣服的口水，只會

---

[5] 在醫院工作常會用中英夾雜來表達，這一篇當年寫的日記，我特別保留原文原義。

用衛生紙憎惡地擦去，就像手有時會沾到病人的血一樣不
足為奇，我甚至懷疑有多少人在頭一個月會對這些小事忐
忑不安，更別提去跟護士小姐要一件隔離衣換上了，她也
不會給你，只會給你白眼。

　　在禮拜天（5/4）的值班，這些事一如往常的上演，
on的不是很順利的NG，病人的一攤口水嘩啦落在醫師服
的袖口，當下雖然覺得噁心，睡過一晚也忘記了，直到禮
拜四（5/8）感控通報這個病人的女兒是SARS可能案例
（5/5發病），病人在病房已經住了7天（5/2開始），昨
天開始高燒不退，diarrhea 18次，CXR一照RLL有
pneumonia patch，left lung field也increased infiltration，
CK、LDH都往上竄升，原本因Acute pancreatitis爬高的
white count也往下掉，station陷入一片驚恐，大家拼命追
憶與她的接觸史，袖口那攤口水的烙印驀地變得清晰，我
除了急忙將醫師服脫下、堂堂皇皇要了一件隔離衣，並且
向上呈報了我與口水的關係。學長只在意我有沒有戴
N95，所以不用被隔離，但N95早說明了作戰能力只有
95%，更何況摘下口罩、穿著醫師服、躲在值班室唸書
時，防禦能力近乎為零，即使在睡覺，它依然靜靜掛在旁
邊陪我，幸好那個晚上，沒有學姊和我分享與它的親密關
係。有十個護士被關起來，阿長氣得淚下，醫生很乖，都
有戴N95，還是除了我沒人在意那口口水，我惶恐了一個

晚上，靠半顆stilnox入眠[6]。

　　隔早（5/9）主任查房，我勇敢再提了一次對口水的疑問，主任說CR決定，CR說我馬上問問感控，第一次有人對我的故事發出驚慌的聲音，除了交代暫時不要碰任何病人，還允諾馬上給我回覆，結果呢他們追溯起這幾天醫師服與我所有的行跡，所到之處都下令覆上厚厚白白的消毒水，包括靜靜落在一旁、向來與世無爭的7-11（我一直覺得它的地理位置像觀光勝地的廁所），習慣被忽略的口水，突然躍升為江湖上森寒的秘密武器，無時不刻都發著懾人的殺人毒氣，我不知道是否該對口水的平反感到高興，總之我必須打包回家了，阿長說我只能去那間無辜的7-11買東西，反正被我meta過了……。打電話到固定禮拜三練舞的舞蹈班道義告知，並且交代他們不要過度惶恐，過了一個小時，他們平靜地告訴我舞蹈班全面停課兩週，原本六月的發表會順延到八月，那個收上課證的櫃檯小姐，因為曾經和我寒喧過兩句，被老闆指示自行居家隔離，舞蹈老師每天打電話關心我的身體，說皇冠幾百名員工和學生的未來就操縱在我的手裡，我實在無法對自己的深具影響力感到驕傲，想像著自己萬一不幸往上踏一級，暴風半徑除了籠罩皇冠大樓，吳興街會被封街嗎？電視上重播著我們熟悉的街景，許姓實習醫師開始出現在報章雜

---

[6] 我的防衛機轉在得知可能感染SARS時潰堤，只能靠安眠藥讓自己入睡。

誌的字裏行間，最好沒機會知道我的名字，這代表如同重威學長般曾到過金字塔頂[7]。晚上腋溫開始37度上下，居家隔離根本沒想像中值得羨慕。弟弟戴著兩層surgical mask幫我送便當，我戴著N95，離了5公尺跟他講了一句話，他抱怨我不應該跟他講話的，還說拿了桌上那1000塊根本不敢用，他同學還叫他用塑膠袋包起來，他決定自願出錢養我。幸好有弟弟，不然就必須要有男朋友了，不過現在也沒有人願意變成我的男朋友，我的閨中密友說，男朋友在這時候也不能確保什麼，算了，弟弟雖然沒用至少還能對他曉以大義，跟他說明他有照顧我的天責。

　　5/10早上起床，腋溫依舊37度，我很確定前幾天它只能爬到36度，多夾了10分鐘一樣賴著不走，我裹了兩件長袖、兩件長褲和外頭亮晃晃的陽光形成古怪的對比，感冒一個多月了，咳嗽、喉嚨痛好像都不能代表什麼，不過我還是裝模作樣寫起遺書，躺在床上想著我的人生做了什麼、沒做什麼。打電話給琳，告訴她沒辦法跟她交班了，因為我被隔離了，沒想到電話那頭傳來驚異又急切的口吻，說她正要跟我講相同的事，因為她也被隔離了，我們同病相憐、加油打氣了一番，曾幾何時，這變成intern交班的對話了。弟弟今天把晚餐送到門口，等他下樓後我再出門去拿，因為太像送牢飯了，他一時良心發現，願意以

---

[7] 大家對未知恐懼的害怕和迴避，自己影響到這麼多人所要承載的罪惡感。

後都鼓起勇氣放在客廳的桌上，不過我不准跟他講話，他說他會打電話跟我聊天的。

　　5/11晚上腋溫降到36.7度，終於向在隔離後各自q2-4h check我的vital sign的爸媽，報了一個比較令人振奮的數據，我暗自盤算著從5/4 exposure到現在應該已經過了最危險期，或許再4天就可以解除隔離禁令了，可以推開鐵門大步走下樓去、不用再隔著鐵欄望著藍天白雲、不用聽著聲音猜測世界的運行[8]......，大理街被封街了，越來越多人開始想念外面炎炎的風、煌煌的日和惱人的雨，其中一個獨居女人曾在5/1~5/3躺在台大急診暫留，我們病房那個病人和她女兒當初也是躺在那裡，不知道CR學長有沒有一點後悔，如果當初瞇起眼睛、不要注意看沒有放上牌子的空格，大張旗鼓讓病人坐著救護車到公館住院，或許公館還是四月大頭口中的最後保衛戰吧！而不是淪陷後總區病人的過濾器。以為需要英雄的年代，其實不如一枝隨風擺盪的小草來的實在。

　　5/12上午腋溫還是很棒的36.5度，接到感控小組的電話，那病人和他女兒都是確定案例了，有第12天開始發病的，從脫下醫師服開始算，我要被隔離到22號，我開始懷疑哪一天會在半夜發狂偷跑出去、開始擔心留到最後的年

---

[8] 與外界隔離的孤單，需要依靠想像力去維持世界的運轉。

休，小江打電話給我，告訴我年休真的泡湯了，CR口頭指示併在隔離假裏，我覺得不公平，但對同梯的intern一樣不公平，但有什麼是公平，不夠的N95、沒有隔離衣，intern的權利和義務一向模糊不清，時薪30元、沒有醫師執照的我們照樣倉皇地被推到前線作戰，戰死也不會變抗疫英雄、也不會進忠烈祠、也沒有撫恤金，或許可以拿一百萬的學生平安保險吧！還記得5/8要送病人回總區隔離病房，要求一名隨車護理人員，督導大辣辣地說，護理人員多名被隔離、人力不足，請intern跟，還好R1學長馬上回說，就算你們人力不足，也不能叫我們intern跟，不然我就被賣掉了……，大家應該都習慣surgical mask被藏起來，跟小姐登記換取的日子吧！當然還是很多很好的小姐和學長姊，只是intern過得是經常被忽略卻時而變很重要的日子[9]。下午diarrhea過一次，體溫就又往上盤據在37度上下，晚上廷和舞蹈老師提了兩袋滿滿的補給品慰問我，還有專技考報名表和附醫送的口罩，心裏暖暖的，可惜我只能戴著N95遠遠向他們點頭。11點體溫創了新高37.3度，我沒辦法像昨晚一樣滿懷期待地睡著。

5/13早上腋溫又變得37度上下，打電話給小江，告訴他這樣不公平，我又開始微燒了，他很同理的答應我會向CR傳達這件事。感控又打來向我再要一次身分證字號和

---

[9] 在遇到危險和資源不足時，最常啟動的防衛機轉就是分裂，保留好的給自己，將壞的丟給別人承擔。

住址，我跟她提了這幾天的體溫，她叫我務必要好好觀察，我順便問了隔離便當的事，她說我之前說不需要那再幫我加上去好了，心想終於可以減少弟弟的舟車勞頓。下午體溫徘徊在37.3~37.5度，我決定寫下隔離日記[10]，誰知道下一刻還會發生什麼事情，榮的聲音又跳了出來，叫我不要想太多、好好念國考，其實這幾天也真的念得很少，總是不由自主關心自己的呼吸和胸壁起伏，幾聲的咳嗽也會讓我陷入某種恐懼中，最重要的是我穿的很多、不吹電扇、也不流汗，別懷疑，我正穿著媽媽從家鄉寄來的毛衣，打著這篇日記，我不可能覺得自己不怪吧！

再多的醫學知識也抵不過病毒的無情啃蝕，更何況這個亂世並沒有給你什麼考過醫師執照的好理由，一個國中同學告訴我，他當完兵想去生技公司上班，不想當醫生了，我也懷念起南部幼稚園的家……，醫生從時間少變得錢也少，進展到現在的超高風險，為什麼大多數的人無法把它視為職業的一種，硬是用誓言把我們桎梏，大家不都是照料好生存的現實面，才會考慮浪漫的理想和抱負，我不是瞧不起在授服典禮上高舉手發過的誓，我只是不喜歡要醫師像蠟燭一樣的要求，日光燈不需燃燒自己、一樣可以照亮別人，不是嗎？晚上遲遲等不到便當，自己打電話去衛生局問，他說我並沒有上隔離名單，天啊！我居然那

---

[10] 我很幸運擁有寫作這個過渡客體，可以撫慰我的焦慮，讓我能重新啟動思考去解決困境。

麼乖大門不出待在家裏那麼多天，不過那個病人已經通報確定案例，也有一份接觸者的隔離名單，衛生局還很訝異我隔離5天了，難怪我沒收到隔離通知書，還以為可能靜靜躺在信箱裏，也難怪我沒有便當啦，intern呢，還是靠自己吧！

5/14溫度計在昨晚被我摔破了，媽媽已經決定從南部寄3支上來給我了，也好，可以一天心情不用隨著數字上下起伏，今早咳嗽變嚴重了，也不知道是否跟變涼的天氣有關，喉嚨有點微痛，我還是忍不住吃了一顆paramol。打電話到衛生局再check一次，依舊沒有收到通報單，不過基於同情我的經歷，他們決定開始幫我送隔離便當，至於名單獨獨漏掉我，實在不想再作多餘聯想了。

通報總算有了眉目，衛生局探訪藏在吳興街一角的我，噓寒問暖一番、還送我一支溫度計，滿滿的鱈魚便當，我開始有被注意到的踏實感，腋溫雖然還是37度，不安的情緒卻逐漸往下落。連學校教官都打電話來關心我和琳，很親切地問我有沒有需要任何幫忙，我趕緊說出我在意的年休，他很認真地保證會幫我反映這個問題，心漲得滿滿，我有自信很快就能掙脫溫度計的擺佈，琳一定也可以的，還記得我們前天通話，都預期自己會發病的日子。念慈濟的同學告訴我，在急診有SARS疑似病例，resident

不敢作swab，叫intern穿隔離衣去做，我在急診時，也曾全副武裝去問疑似SARS病人的history，學姊在一旁上網，831的學長告訴我，重威學長其實很不好。我決定不被動地沉默，繼續寫隔離日記，或許比學會多判讀一張EKG來得有意義。

　　每當resident被隔離，上頭會調度人手、減少進床、講些共體時艱之類勉勵的話⋯⋯；當intern被隔離時，值班點數不會少（除非你吃不下），同個course intern的loading因你而增加，年休被迫併入隔離假。沒有人會故意讓自己被隔離，隔離也沒有想像中的好滋味，隔離者是確保無隔離者的安全，當然不是每個隔離者都發病，但是我相信繼續工作只會提高發病率、傳染給更多人，並非沒有發病，當初就不需要被隔離，更不應該由你和你的同事承受這樣額外的工作負擔，這樣的作法只是暗示著intern根本不應該被隔離，院方又敢接受正被隔離的intern回去上班嗎？

　　假設我走出門不會被罰6~30萬元、假設那個病人不是確定案例、假設我一點symptom都沒有，或許我願意犧牲陽光、自由、難得的年休，基於道義立場，因為於情於法我都是站得住腳的[11]。院內感染的爆發往往來自未知的病人，intern並沒有比住院醫師或護理人員承受更低的風

---

[11] 因為年休併入隔離假，我感到相當憤怒無助，有被重重一擊的感覺。

險，雖然我們會作的事情很少，NG、Foley、cath、抽血、換藥，卻有密集的和病人體液接觸率。

　　被隔離這幾天，電話那頭不停傳來我媽高分貝的叮嚀聲，我的家人、我親愛的朋友，心情也隨著我的體溫起起落落，一個醫生的養成，除了自己不足外人道的辛酸，還有很多家人的忍讓、犧牲和期待，好不容易羽翼漸豐，該你展開翅膀庇護鬢髮星星的父母，結果他們因為我、因為媒體不間歇地恐嚇，全都歇斯底里生活在恐懼中，有一天我生氣地問姊姊幹嘛那麼密集地打給我，她說她很害怕下一通會聽不到我的聲音。連我家鄉的鄰居、國中同學的媽媽都不約而同關心起我的近況，沒有人會希望他們因為愛你而擔心你，我覺得生命變得好沈重又輕忽，無法掌握。

　　系主任打來親切地慰問我隔離的狀況，有沒有東西吃等等，我也一五一十說出這幾天的clinical course，他建議我到附醫急診抽個血、照個CXR，大家都比較心安，我同意了，我實在不想讓我的家人、朋友懸在那裡。我沒想到隔離日記會引起那麼大的迴響，但總之我不再孤單了。

　　救護車如約地到門口載我，刺耳囂張的鳴聲一路嗚到北醫，也讓急診淪陷在一片恐慌中，警衛不斷地揮手示意我不要下車，護士張惶地跑來跑去，空氣愈來愈沈滯悶

熱、混雜著濃烈嗆鼻的消毒水味，汗珠隨著時間一顆顆滲
了出來，司機已經下車嚷嚷了好幾回，我一度企圖請司機
載著我逃離。手機響了，我咆哮著明明只是要抽血、照X
光，我根本不需要住院，醫療應該留給真正需要的人。彷
彿一隻無助軟弱的小兔子誤觸了陷阱，漫天灑下的密網將
我吊在天際，搖搖晃晃地，哼著小調的獵人踏著沙沙落
葉，正步步逼近……。

　　過了20分鐘，門終於嘩啦地被拉開，我挪動著千斤重
的腳，全副武裝的護理人員驚嚇地趕緊用輪椅盛住，開始
尖叫要我坐下，接著一條布單壓黑地撲來，緊緊包裹住
我，然後是手術帽，手忙腳亂地用最快的速度把頭髮往裡
頭塞，除了一對慌張的眼睛，和露在被單外破破的褲管及
髒兮兮的布鞋，我像極過百的蔣宋美齡，由兩名盛裝的隨
從推進急診大門，早清場了，還拉起黃布條，警戒線後成
排的觀眾，紛紛對我無言的揮手，更遠隔著透明玻璃門，
有主任默默對我點頭，幸好遊行到電梯口就結束了。

　　所向披靡經過無數道門，進到了為我精心設計的小房
間，牢固的鐵窗分割著吳興街街景，骷髏頭的標誌、映紅
的塑膠袋、滿滿的消毒瓶液、滿牆的口號標語、還有一個
不懷好意的半球體掛在天花板的角落。門在背後轟然闔
上，那是一道沒有把手、沒有按鍵、平板無聊的門，除了

滿室的寂靜，剩下我和一個癟癟的包包，叮叮作響的鑰匙想引起我的注意。天還亮晃晃的，我的心先沈了，不知道要在這裡待上多久。

　　電話聲鈴鈴鬧了起來，我不由自主宣洩自己的憤怒，系主任卻和氣地說，小心總是比較好的。感染科李主任、照顧我的學姊、病房的阿長全部打來告訴我他們永遠與我同在，並且苦口婆心勸我要好好合作，精神科蔡主任也打來了，我融化在這場百味雜陳的情緒裏，他說就當作實習acute psychosis patient被關的滋味吧！我質疑起自己是否像他們一樣沒現實感，但是現實和務實在這個虛幻的世界本來就是很難的課題。不掙脫網反而鬆了⋯⋯。扭開台北愛樂、看起唯恐天下不亂的SNG報導，冰箱、飲水機、乾淨的衛浴設備，我決心享受吳興街上月租1萬元的待遇，吳院長、許校長紛紛打來了，向我保證北醫傾盡最好的醫療團隊、會給我最好的照顧，我滿懷感激地一一向他們道謝。宛如隔世，我像個抗疫女英雄，凱旋歸來。

　　手機一個晚上都很忙碌，總是飄來慌張擔憂的氣息，有些是打去家裡找不到人的、有的是聽了誇張的傳說（害得北醫對我嚴陣以待）、有些是日記嘎然停播，產生不好的聯想。我不厭其煩地告訴大家我很好，亦欣喜若狂地接收大家的關心和打氣，房間暖烘烘、紅通通的。熄了燈上

床，護理站打來抱怨她們看不見我，抬起頭來，再次瞪著那骨睩睩轉的半球體，開始後悔剛才在外頭脫褲子，牢獄就是牢獄，管他有沒有人情[12]。

5/15好尷尬。像狗聽到搖鈴就分泌唾液，我學會第一件事，就是當門外傳來笨重的沙沙聲，代表要趕快戴上N95和surgical mask，接著門口出現機器戰警，遞餐給你、順便量量vital sign，好像不小心映進弟弟小時候的模型夢。他們之間，只有高度的差別，我沒辦法辨識任何一個小姐，甚至靠聲音搜尋以前上課的頻率，才認出是吳院長，院長送我一枝玫瑰花、親筆寫的慰問卡、和一本打發時間的書，小姐手上還提著校長送的兩罐梅子醋。打開包裝發現是英文書，就又馬上把它包回去了，從當clerk開始，院長就一再高估我的實力，包括當時我小聲地說出自己的體溫正常，幸好沒戴眼鏡，看不清他錯愕的表情，不用解釋為何與預期差那麼多[13]。

在這裡，你會對一向追求的經濟和效率感到迷惑，那麼大規模的變裝，只為一頓餐或幾顆小藥丸，我問的每個小問題都層層上傳，從小姐→護長→督導長，或走另外一

---

[12] 我也擁有很多好的內在客體，不管是家人朋友或師長，在我脆弱時支持鼓勵我，我很感謝我的母校北醫，像個好媽媽一直鏡映我的情緒，在我很無助害怕時，提供我相當安全的保護。

[13] 當我真的啟動了這些好的內在客體，整個人安心放鬆下來，也不發燒了。

線：小姐→學姊→李主任、系主任、蔡主任→院長，有時會交叉進行或雙管齊下，往往聽到回音都過了20分鐘，今天下午，因為累積太多小問題，到了4點我才拿到午餐飯後的藥，有時我會懷疑，假設某一刻我呼吸衰竭，真的禁得起這樣的等待嗎？不過我的lab和CXR實在好的誇張，最糗的是我再也不燒了，不得不從疑似區再被移到觀察區，即使是短短的走道，我也必須裹上層層防護，12病房的station就像科幻片中的太空總署，只有眼睛還觸得到外面的風，厚厚的玻璃門，她們像是被包在水晶球裏般。我被領到最角落的房間，一逕的樣子，只是從長方形被拉成更長的長方形，但我再也看不到麵包店的招牌，想像它們撲鼻的香味，只有遙遙的一棟建築，燈火通明，葉被風吹得亂顫，灰濛濛的天下起雨來，叮叮咚咚敲著寒意，我伸長了頸企圖猜出外面的溫度，可惜五顏六色的傘把人淹沒了，只好什麼都不想，麻痺在新聞聳動的標題中……。

重威學長走了，留下錯愕的我們，總覺得一個那麼燦爛的生命不應該結束地那麼倉促，就像小時候我們撐著傘、蹲在水窪旁玩紙船，一不留意被雨給打濕，在漩渦中糊成一團……，在這個風雨飄搖的年代，連燈塔也朦朧了，載浮載沈中，什麼是剎那、什麼又是永恆？

5/16昨晚睡得很好，不知道習慣了還是安心了，人也

很好，沒有燒，連咳嗽都沒有，只有喉嚨因為話講太多還隱隱作痛，學姐打電話來說我可以準備出院了，這下連觀察的資格都宣告取消。Station開始沸沸騰騰地幫我辦出院，她們都很高興，因為這是第一次，大大小小的問題不斷冒出來，也一再上達天聽再下傳回來，照顧我的小姐貼心地幫我將行李拿到電梯口，緊張兮兮地不准我把頭探出門，不過卻讓門開在那裡30分鐘，直到救護車司機到病房接我。

經過護理站，大家雀躍地向我揮手說再見，但我實在沒勇氣轉過身去向她們告別，司機說既然那麼近，我們就別打擾左鄰右舍吧！車子靜靜地滑過吳興街的巷弄，就如同往常下課回家般，只是我戴著N95、吃力呼著濃濃消毒水味的空氣，只是腳邊的行李被紅色塑膠袋包得密不透風，從前以為在書本上才讀得到的故事，竟活生生上演在21世紀初。100年後，人們將會怎麼寫我們：瘟神降臨，嬉弄了自以為是的炎黃子孫，祂隨意終止了幾萬生命，藉此警示他們要謙遜地活在地球上……。

打開牛皮紙袋，拿出營養部為我精心調製的午餐，外頭還註明「不加香菜、不喜芹菜」，飯後的藥和藥水早分裝好了，當拿出費心包好的N95口罩，我會心地笑了，我知道外面滴滴答答的雨聲總是會過去的……。下午接到公

館CR的電話，他很擔心這幾天都沒找到我[14]，我才知道那個禮拜我們station總共有6個SARS可能病例：03-3的病人（我幫她on NG那個）和她女兒、03-2的菲傭、02-3的看護、01-1的媽媽，最後一個就是我care到shock的病人，我跟上述四位講過話，猛然想起我的病人shock時沒人敢強迫她戴上口罩，她轉回總區的救護車是我隨行，就坐在她頭的旁邊，戴著用了四天、有點發臭的N95，我們還在胃鏡室等待了快40分鐘……，突然覺得可以叼著溫度計打著這篇日記，可以抱著我的小熊睡覺，都是一件多麼幸福的事[15]。

[14] 台大像個機器人媽媽。所以要成為一個好客體，重點在能專心感受、誠意回應，並不是完美無瑕，所以大家都能做到。

[15] 附上我拍的台中歌劇院，我覺得很像黑洞和子宮放在一起，加上很多一點一點亮亮的想法，就是具有生命力且美妙的畫面。

# 改變中的直覺

王盈彬

精神科專科醫師
精神分析取向心理治療師
臺灣精神醫學會會員
臺灣精神分析學會會員
英國倫敦大學學院理論精神分析碩士
王盈彬精神科診所暨精神分析工作室主持人

一隻尚未被研究明朗的病毒，為何會引發各個
國家、各個組織、個人，如此分歧的處理模式？
這些呈現的事實，啟動了每個人、各種組織和國
家內部的「直覺」挑戰；因為組成「直覺」的脈
絡不同，因此表現出來的也不同，也在改變中……

## 一個有關於直覺的故事

民國109年的農曆春節，我在異地旅行，零星的疫情已經從各種媒體閃過我的視線，但是就像遠在不可能靠近的距離，一如往常地被放在我腦海中最淺根的位置。想著回國後，一段長假後的忙碌，總是很快會消耗掉得來不易的休養生息。走在人潮中，逛進旅行團必推的藥妝店，買甚麼好呢？入境隨俗地挑了幾樣痠痛藥膏貼布，試試看大家瘋狂搶購的物件，到底是存在甚麼樣的魅力。

順便買個口罩吧，手機專業群組正開始談起疫情的訊息，疫情似乎蠢蠢欲動，只是基於醫療人員的常態敏感度，何況我是精神科，備而不用也好，沒料到，已經售罄的櫃台，高掛著中文版的說明，也許是有些國家的旅行者很需要吧，轉過身來，一位手上拎著應該有十盒口罩的旅人，匆匆離開了這家店。接下來，我好奇地、有些緊張地、故作輕鬆地，問問附近的幾家藥妝店，都已完售，只剩下小孩專用的了，這是甚麼景況？

慢慢有一種說不出來的「直覺」，混雜著尚未思考清楚的脈絡，微微不安，想要想些甚麼，也不確定要如何開始想或從哪裡開始想，提醒著自己，雖然心裡的一部份還在放鬆的旅行，一種沉甸甸的感覺卻慢慢出現，我記得這種感覺，一種坐在大學聯考考場時的引力和阻力（雖然模擬考已經演練了數次，但未知、熟知、甚至是似曾相識的考題，蒙面等在前方。）該做些甚麼呢？身為醫療機構的

負責人，雖然只是個小診所，想像一開始上工，如果眼前的這種景況蔓延，總是得準備一些，還好是精神科，緩緩地就可以了吧。

回國前，幸運地在一處購物中心，買到了一些口罩，放心了些。短短兩、三天，陸續來自台灣的群組訊息日益增溫，再加上當年曾經在SARS肆虐時，經歷過大家每天量體溫的戰役，自然地想起了額溫槍，這是在精神科診所，平常最想不到要準備的醫療器材之一。在機場大廳等候的片刻，找一下手機連結到的網站，缺貨了，所有的通路平台都亮出補貨中的紅燈，心裡還是不自在、懶洋洋地想著，沒關係，還有備而不用的耳溫槍在，雖然不甚方便，同時樂觀地想著這疫情應該很快就會歸檔到歷史吧？

回國後，開診前一天，身為醫療院所負責人的角色催促著自己，還是買買看吧，打了幾間藥局和賣場，終於問到僅剩一支額溫槍的上架人員，回報說有客人正在考慮，幾分鐘後，賣掉了。趁還在上緊發條的狀態下，繼續打了幾個電話，有了，也是最後庫存的一支了。開診後，疫情開始快速延燒，眼看著群組訊息的留言和鄰近診所的前線科別，已經開始像當年一樣，全副武裝地規劃動線與篩檢，有經驗了，我也安排一下，但是很清楚地知道，我必須開始以一個負責人的角度，檢視防疫物資的流動以及面對可能潛在的病患所帶來的挑戰。當然診所工作人員的安全與篩檢任務，也要隨時教育調整因應的策略和流程，當

年也聽過因SARS撤退的醫療人員，此時此刻，穩定軍心
也是關鍵的一個環節。

　　我帶起了口罩，就像平常看診一樣，只要我感冒了，
怕傳染給病人，這應該是從SARS時期的習慣了，當年醫
療人員是從大家認為無害、甚至是有益的陌生人，變成被
隱約保持距離的族群，猶記得當年同事們放假，都有默契
的採取低調的移動，回家也必須諸多考量，因為鄰居們關
心的眼光，也透露出些許不安的警戒。

　　診所門口貼著大家要戴口罩才能進人的公告，大家應
該或多或少也害怕彼此吧？大家都帶上口罩了，為了降低
不必要的焦慮，為了真實的安全，為了可以維持繼續的日
常，口罩升等成為診療室的常備設置。隨著國際疫情的發
展，有些城市封城了，一些國家的醫療系統癱瘓了，逃不
掉了，沒有僥倖的空間，大家都必須積極地應戰。政府組
織第一線的訊息，迅速在醫療社群間蔓延開來，本能的醫
療同業，各自啟動了備戰狀態，政府統整的戰備醫療物資
也都漸漸到位，和當年SARS一樣，只求和平落幕，只是
不明病毒長甚麼樣子，配備如何的武器，都還不甚明瞭。

　　平常會和門診的病人，多聊一些，現在簡化了，大家
有默契般地希望野火不要再延燒了，就幾分鐘吧，那分析
治療的個案呢？電話另一頭傳來訊息，一位分析治療的個
案，需要自主健康管理，要暫停兩週。還是戴口罩進行？
大家應該都會警覺吧，如果是我呢，我要怎麼對個案說，

心裡同時想著，應該不會那麼幸運的中獎吧？想著想著，以前還在醫院機構，我如果被感染了或需要隔離，很自然地有人會代班，就當作好好休息，現在不一樣了，我被隔離了，意味著負責的診所必須停擺，所有曾經進出診所的病人和工作人員，都面臨生活必須暫停的狀態。如果是因為我的診所，腦海中浮現的是正在新聞報導中延燒的獵巫氣氛，沒那麼簡單，以與SARS擦肩而過和診所執業多年的直覺，那可能是另一段不同人生的開始，千萬不能成為破口，不只是我，也包括所有進出我診所的人。

同期間，我一如往常地進出工作合作的醫院和校園，病人也來自各行各業，我必須讀取來自每一張健保卡記錄的出入境資料，同時提醒病人目前的匡列條件。時時變化的各國疫情，也影響著病人能否到診，慢性病藥物又該如何配給，不能只是看病讀心了，遠距視訊看診的模式也從衛生主管機關，下達簡化開啟使用的門檻。每天看著手機裡官方傳來的訊息，時時想著診所門前的告示內容要如何調整，戴口罩、戴面罩、戴N95、診所消毒、找口罩、找酒精、注意病人及工作人員的接觸史......，一心多用地啟動所有在腦海中的防疫雷達。就這樣，每天隨時接收新訊息，然後沉澱一下心思，想想診所端如何配合因應，不只要求生存，還要盡量維持常態，因為任何的調整改變，都意味著一場潛在風暴的到來。

遠距視訊，曾經是我婉拒的方式，不穩定的使用經

驗，幾次讓已經原本就不容易醞釀的移情情境嘎然而止，但是這幾年又慢慢從幾次視訊會議的經驗中重拾信心，應該可以試試吧，就這樣，開始熱烈地嘗試各種視訊軟體的操作，有備無患，一啟動就轉移了設置的重心，把可以調整的先調整了，暫時避免直接接觸其他機構，可以視訊的就視訊，彷彿為自己淨潔一般地，守在自己的小診所，開始隔離的生活與工作。當然，同步整個國家指揮的進度，讓這樣的措施合理到不用懷疑。

遠距視訊，也不是一件簡單的事，各家軟體紛紛出籠，我忙著測試各家的系統，網速升級、設備升級、環境設定，我應該先準備好，就像把診所硬體準備好，把分析診療空間設置好，才能好好發揮專業。也就在測試這些不同軟體的同時，政治力隨著病毒起舞，某家視訊軟體公司突然從一線退居二線，這也是當初意想不到的變化，應該稱為病毒政治學吧。

這場工作坊[16]進行時已近夏暑，原本大家以為的夏季緩衝，看來並未如預期地發生，國際疫情的起起伏伏，各國因應疫情蔓延的政策也不一而足，國情不同、組織不同、病毒也在突變中。台灣內部相對安全，解封了，人潮湧入了先前大家避之惟恐不及的到處，醫療機構內還是必須戴口罩、噴酒精，不知道坐在這裡的大家，直覺到甚麼？其中有一項，我會說，感謝在成書之前的這一場演講

---

[16]「分析在瘟疫蔓延時」工作坊高雄場，2020/7/18（六）09:00-17:00，於高雄長庚醫院永慶尖端癌症醫療中心2F多功能會議室舉行。

的主辦單位準備這麼好的場地，也感謝國家此時此刻有著務實的領導團隊及務實的社會氛圍，讓我們還可以實體聚集來進行腦力激盪，同時間，參與者也正用各自的直覺行動來保護這個地方和大家。

## 直覺 (intuition)

這裡，想要談一個元素：「直覺」，一種從心底出來，不是很明確，但是明顯地影響著原本的步調和結構的力量，讓自己感覺到，既無法忽略，卻又不想細究的一種躊躇，等待著下一個訊號，全面啟動或是再次的忽略。

接下來所整理的部分，會環繞著對「直覺」的闡明，而其中我想深入闡述的，為了其中一個目的，就是在目睹全世界疫情發展中，為什麼（戴口罩……）改變這麼難？當然，戴口罩不只是一個象徵的動作，同時也是一個具體的動作，這個在台灣行得通的方式，確實得到了疫情的控制，在這裡並非要從對或錯的面向著手，而是從精神分析的角度，如何思考這樣的現象？也就是在改變或不改變的底層或間隙中，應該有些尚未被明白的故事或能量，在醞釀並牽動著。首先，先定義「直覺」：

對現實 (reality) 或真實 (truth) 的直接和立即的視野或理解，沒有透過任何中間元素。該術語 intuit，源自意義為「注視」(look) 的拉丁文字

intueri，指的是「專心地觀察」（to observe
intently）。各種認識論和哲學流派對直覺及其提
供的知識有不同的立場和評價。在《專注與詮釋》
（Attention and Interpretation）中，比昂（Bion）對
於直覺及其價值談論了許多，他為了方便起見，當把
「直覺」（intuit）視為精神分析師的專業領域時，
平行類比為臨床醫師所使用「望」（see）、「切」
（touch）、「聞」（smell）和「聽」（hear）的專業
感官能力。這與他對精神現實的理解是相關的，精神
現實是不能被觸摸、被嗅聞或被看到的，它們並非是
透過身體感官來理解的。記憶（memory）、慾望
（desire）、理解（understanding），會阻礙了這種
非透過感官理解的精神現實的直覺，並且由於精神
分析並不首要關注感官的接收，也不是首要關注過
去已經發生了什麼或將要發生的事情，而是關注於
現在正在發生的種種運作為首要，因此分析師應該
抵制想要記住或渴望的傾向。

　　某些新事物的進化是以直覺進行的，就像以前
就存在但未發現相關，之後直覺相關而凝聚在一起
一樣。然後，可能可以將這種直覺公開，形成文字
語言，為此需要alpha功能和其相關的概念。這是精
神分析師的位置，必須提供詮釋或製作出模型
（models）或產生建構（constructions）；這如同

科學家的位置，旨在發現和證明；也如同創意的藝術家一樣，也有其位置。在比昂使用該術語時，意味著所有「神秘學家」（mystics）對於O的演化方面都有其直覺，並且之後能夠把它們公布[17]。（王盈彬 譯）

　　精神分析師比昂（Bion）將「直覺」視為等同於治療師在診療室所使用的專業感官，目的是為了接近無法用生理感官理解的最真實的客體或精神現實，我們只要能屏除記憶、慾望和理解時，我們的直覺就越強（即我們更完美的達到F和O）（後文簡釋）。我們可以透過絕對和純粹的空白來接近，完全不同於以感官經驗儲存成為的經驗值來處理的模式，此時有一個被採取的前提，「直覺」是潛意識的和被動的，也就是說，我們不能強迫它出現，也不能強迫其運作理解[18]，這和治療師使用直覺的目的相關。

　　於是，接下來的提問就會是，「直覺」從何而來，又銜接了甚麼？我們可以由一種尚未形成語言的情緒和感覺出發，如同比昂企圖在其網格（Grid）所標列出來的發展秩序。網格（Grid）是：

---

[17] Skelton, R.（Ed.）.（2006）The Edinburgh International Encyclopaedia of Psychoanalysis.

[18] At-one-ment, intuition and 'suchness'.Stitzman, L.（2004）Int. J. Psycho-Anal., 85（5）:1137-1155

　　由比昂設計的一種精深而複雜的精神分析工
具，用於記錄和分類在分析情境中被表達的陳述。
它記錄了語言的構建，以及在分析情境中發生的情
緒經驗。它是一種工具，可以幫助精神分析師在會
談後思考關於日常臨床實踐中出現的問題，並詳細
闡述分析中的不同觀察結果。網格是立基於理論而
被構建出來的，它本身並不是理論，它屬於臨床觀
察或精神分析實踐的領域，因此，它不會增添或修
改精神分析的理論。它分類的構想，從像是從身體
姿態和語氣態度等看起來簡單的各種元素，發展
到像是念頭、思想、概念等複雜的表徵。它也可
能可以被用於對分析師的思想和詮釋進行分類。
它適用於分析師和被分析者之間進行交流的所有
部分[19]。（王盈彬　譯）

　　人類心智從原始渾沌的情緒和感覺，慢慢聚焦演化的
過程中，我們正在形成第一次的「直覺」，之後接納了不
斷經驗及相應思想的演化，也鋪陳了我們如何使用思想所
對應的狀態，其中同時經歷許多用來面對這些演化的改變
所帶來的痛苦，於是我們不斷產生新的「直覺」。這種改
變所帶來的痛苦，是一次又一次面對未知的危險或是無法
理解的現實時，我們必須拆解原已形成的直覺狀態，再次

---

[19] Skelton, R. (Ed.). (2006) The Edinburgh International Encyclopaedia of Psychoanalysis.

經歷直覺的歷程，一方面是為了成就下一個直覺，但是也有可能石沉大海地堅持住原來的直覺。簡要的說，直覺有一個動態的演化歷程，也是一種不斷總和的狀態。

面對未知而想要接近的事物時，要拋開眼前已知的確定性，觀察那些非透過文字可以傳達的信息，如同是第一次經驗到一樣。觀察是直覺的作為，直覺是從強烈被剝奪的觀察經驗中學習，也就是由心痛所引發。通過這種方式，我們發現直覺被諸如真實、痛苦、放棄、決定和成長之類的強大概念所包圍。在面對真實的過程所遭遇的痛苦及放棄，也是過去為了進行連結合一時，所學習到的經驗運作，也是精神分析取向治療師在觀察接近被分析者時，忍受並消化這些挫折的歷程，其中這也涉及到一種「負的能力」（negative capacity）的運作[20]。

在口語生活中，「直覺」是一個不算少見的用語，因此先做一個定義上的區別，會讓以下的展開相對的清楚。「直覺」是一種心智狀態，用以接收來自於將信念付諸行動而產生的情感蛻變（transformation）[21]。這部分的說明也可以從比昂的論述說起，他在說明概念（conception）及前概念（preconception）的關係時，形容為一種預期經驗的獲得（前概念）和瞭解（概念）之間的關係，也就是

---

[20] At-one-ment, intuition and 'suchness'.Stitzman, L.（2004） Int. J. Psycho-Anal., 85（5）:1137-1155

[21] At-one-ment, intuition and 'suchness'.Stitzman, L.（2004） Int. J. Psycho-Anal., 85（5）:1137-1155

概念是由前概念的蛻變（transformation）所發展而成，而前概念可以是由天生內在的既存，又或是由前經驗所獲得。進一步衍生出，前概念（preconception）是由兩部分元素的組成：飽和部分（Ψ）和未飽和部分（ξ），前概念以此將表示為（Ψξ）。舉例來說，飽和部分是對乳房的期望，而未飽和部分將是與非乳房、安撫奶嘴……等相遇的可能性。

　　另外有一種狀態稱為「先決」（presupposition），是可以編入在D2（比昂的網格中用作形成阻抗的前概念），用符號來表現，應該是兩個部分都是飽和的（ΨΨ）。它是一個充滿強烈期望的剛性容器，不需要真實的再確認或再辨識，而是全然地相信，意思是說已經無法再接收新的經驗瞭解，從接觸前就已經決定了，像是一種預設立場，是一種知性的慾望，它可以控制因無法忍受懷疑和無界限的感覺而引起的焦慮。分析師有任何先決（預設），會因此關閉患者內容物蛻變轉化的可能性，把其可動性以及進化的能力移走，在臨床上舉例，就像是診斷凌駕一切的狀態，會造成無法看清楚全貌的誤差[22]。

　　與「先決」完全相反的，就是元素的兩個部分都是不飽和的預感（ξξ），也許可以稱之為「先感」，因此也不可能將前概念與全盤理解相配對，進而也阻礙了轉化蛻變的可能性，此構想與狂熱主義的特徵緊密連結（Sor和

[22] At-one-ment, intuition and 'suchness'.Stitzman, L.（2004）Int. J. Psycho-Anal., 85（5）:1137-1155

Senet de Gazzano 1993）[23]。

　　直覺的一部分包含感覺的運作，這是立基於情境中孕育的感覺所產生的想法前期，像是前概念的狀態。前概念可以操作平衡，根源在於有一種最佳距離的出現，這最佳距離是一種思考，介於能夠維持概念和事實並存之間，這個最佳距離，其實隱含了對痛苦的承受範圍，要能接得住，才有下一步的思考和思想。

　　　　分析師的心理需要最大限度地處於接受的狀態，以便對於分析中的特殊體驗保持開放。比昂闡述關於分析師在每一個新的分析中，需要拋棄記憶和期望的觀念，就是為了保持分析師處於前概念化狀態，並且這種前概念化狀態不被過早地終結。把昨天那個小節記在心裡、對上週的解析念念不忘或者還記得一個重要的夢，都具有阻礙分析師對於今天的新體驗保持接收性的效果[24]。

　　接下來我要分成三個層次的「直覺」演化，來鋪陳疫情對診療設置的影響，這是用一種很人為的方式拆解開，

[23] At-one-ment, intuition and 'suchness'.Stitzman, L.（2004）Int. J. Psycho-Anal., 85（5）:1137-1155

[24] 等待思想者的思想：後現代精神分析大師比昂（The Clinical Thinking of Wilfred Bion：Makers of Modern Psychotherapy）。作者：納維爾·希明頓（Neville Symington）、瓊安·希明頓（Joan Symington）。譯者：蘇曉波。審閱：王浩威。心靈工坊，2014。p.97

但是實際上應該是混雜著不同的比重，同時出現的。第一個層次，比較著眼於我們所理解的分析診療室的日常，此時病毒存在的位置，是在兩人工作的內在世界中，為專業人員經常運作承受的部位，時時在設法消化內容，讓個案可以漸漸承受。第二個層次，是在診療室中超越雙方一般可承受範圍的狀態，病毒真的可能存在於分析治療的現實空間，這個不尋常，挑戰的是治療師和個案雙方對於分析設置的調整運作。第三個層次是，當這個不尋常的狀況，在治療師及個案的內在及外在世界運作，此時被啟動的直覺，又需要被如何理解或是如何運作？

第一個層次：
可承受的直覺，
病毒存在兩個人的內在世界中，
診療室的日常。

當初接收到疫情零星的由遠而近的當時，覺得這其實和自己的現實關係不大，診療室的運作會一如往常，而這樣的疫情，頂多是遠在天邊的消息，可能會成為診療室的素材之一，而非要時時注意的一種臨場狀態。此時所運作的直覺，比較是在診療室常態中可以被理解的概念，是一種使治療師能夠接收、容納、處理，被投射的材料，並且以個案可以接受的內容，返還給個案的能力，這也是成為

一位專業的精神分析取向治療師，時時刻刻在接受的訓練和經驗的歷程。治療師在與患者的工作中，會體驗到直覺能力的不斷重新激活，這和其自身的童年經歷、治療經歷相關，因此要執行這樣的任務，治療師的個人被治療，是確保治療師可以被這種「足夠好」的方式所涵容（be contained）的第一手經驗，這也是母親對孩子的需要和想要的直覺能力，以及她能夠對這些經常發生的衝突壓力做出反應的平衡。因此，分析治療的主要目的是給患者帶來更令人滿意的涵容經驗，而這來自於治療師有能力直覺地了解患者的需要和想要，以及兩者之間的平衡所在[25]。

比昂所建立的精神分析概念，雖然是從實務工作所累積而生，但是相當的數學與哲學，和佛洛伊德（Freud）的思想一樣，可以不斷地再發現和再探索。之前提到他對精神分析師的直覺能力的比擬，如同臨床醫師運用望聞問切的能力，來診斷和協助病人，而直覺是一種專屬於分析治療師的「感官」工具，用來偵測個案內在所發生的情緒經驗和真實，分析師以直覺來接收像是焦慮、忌妒、恐懼……，無聲、無味、無形、無色的存在。換言之，這個以直覺來接收，然後進行直覺的歷程，可以在某種層次上，像是一種投射性認同的概念運作。

「投射性認同」這個概念其實經過一些演化的過程，

---

[25] Intuition and Therapy: A Description of the Process of Intuition, its Origins within the Maternal Relationship and its Role in Therapy. Wright, H. (1987) Brit. J. Psychother, 3（3）:246-255

因此可以從不同的角度來定義和使用，舉例來說，精神分析師克萊恩（Klein）和比昂就有不一樣的使用。克萊恩首次使用這個名詞（Notes on some schizoid mechanisms, 1946），這成為克萊恩學派的商標，主要在描述有一種全能的潛意識幻想，自體被放入客體，也因此被控制，此事是完全發生在個案的內在精神現實層次（intrapsychic level），是一種病理狀態。比昂則認為「投射性認同」是發生在兩個人之間的精神層次（interpsychic level），並且將其區分為兩類，其一是類似克萊恩的病理概念，另一種則是在描述很原初的母嬰溝通或是治療室內的兩人溝通。

現在的神經科學對於鏡像神經（mirror motor neurons）的理解，其實也佐證了這第二種的存在，也就是說，非語言和潛意識的溝通，其實就和語言和意識的溝通一樣存在。這就是「母親的沉思（maternal reverie）」，使母親成為嬰兒的高度接受者（Bion,1962），可以代謝嬰兒的需求，並能夠準確適當地回應嬰兒的需求。除了媽媽的部分，嬰兒用來傳達其需要及想要的過程，也是直覺的組成部分。另一位精神分析師奧格登（Ogden,1979）也延續克萊恩，提出類似的概念，並且將「投射性認同」分成三階段[26]：

---

[26] Intuition and Therapy: A Description of the Process of Intuition, its Origins within the Maternal Relationship and its Role in Therapy. Wright, H.（1987）Brit. J. Psychother, 3（3）:246-255

第一階段，有一個潛意識幻想（phantasy）的空間，可以成為容器（container），透過將具有威脅性的客體或其他不需要的客體，投射到另一個客體或此空間中，來將其分離（splitting）並清除。

第二階段，嬰兒會誘使母親，使其產生與投射的潛意識幻想一致的感覺。這是嬰兒透過人際互動來做到，以使投射的接受者承受著與投射者一致的思考方式和行為的壓力。

第三階段，接受投射的客體，運用其最成熟的能力，涵容（contain）及消化（metabolize）這些被投射的內容和感覺。

這三個階段，藉由母親與嬰兒保持親密接觸，經過投射性認同的過程，進一步增進了母親對嬰兒的理解。

當病毒的訊息來了，此時是在病毒威脅尚在可以抽象化或象徵化的階段，我也藉此模擬出以下三個運作階段：

第一階段，個案感受想像病毒的威脅（有或無、大或小、遠或近），把自己無法接受的材料，防禦分離，投射給治療師，同時間治療師這一個容器也承接中。

第二階段，個案誘使治療師參與，產生與投射的潛意識幻想一致的感覺，這是一種人際互動的過

程。

　　第三階段，治療師使用涵容的功能，平衡來自病毒的威脅、來自群體的氛圍，來維護個案的成長、個案的安全。

## 第二個層次：
## 直覺的挑戰，
## 病毒存在診療室的空間中，
## 診療室的不尋常。

　　治療師從訓練開始就一直在學習和經驗讓個案「直覺」覺得安全，雖然這個安全常常需要一些時間來鍛造。但是病毒「真的」來了，這個可以危及個案及治療師實體生命的有機體，無法只是一種記憶經驗的存在，它帶來的是正在發生的真實生命威脅，甚至不容時間運籌，這和精神分析核心在處理的後設心理狀態是不一樣的時刻，於是我們必須同時考慮到不同層次和緊急度的情境。這就像，眼前正在敘述著從小被虐待的個案，施虐的對象正來到治療室的門口敲門，或甚至是闖入治療室裡一樣。

　　當社區感染的跡象開始，病毒的存在，就像是這樣的時刻；甚至因為病毒的特性，讓過去以為可以預測的前兆也可能失效了。

　　原本為了提供穩定架構，以供處理移情的程序可以進

行的診療空間，必須很務實地進行外在實體空間的防疫維護，治療師內在的各種元素也面臨被拆解重組的過程，以提供作為重新與外在現實可以呼應的內在結構。同時間，個案也面臨自己的角色元素拆解重組，因為病毒的攻擊是不分對象的。對這兩個人，以及治療室本身而言，要如何再重新組成一個可以抵擋致命病毒的新結構，正在面臨考驗，而此時還必須思考的是，每一個變動所會牽動的內在及外在防衛機轉的變化，移情和反移情的運作，都是同時間在發生，並且隨著病毒訊息的瞬動，必須不斷地準備隨時調整。當治療師在涵容個案的安全時，自己也正在面臨自己是否安全、治療室是否安全的衝擊，這是不太容易移動的位置，因為分析治療師一直以來的訓練，讓自己在開始接受個案時，已經是一種相對準備好的狀態。此時，像是突然啟動的多工運作，以電腦來比喻，就像是考驗著硬體和軟體的極限一般，隨時可能會當機或是直接關機；如果用醫療手術來比擬，就像是麻醉中的病人和專心開刀的醫師，突然得面對手術室失火的狀態。

　　我們務實地來看待一個會在治療室發生，但很少有人在檯面上討論的現實，就如同病毒入侵後，治療師也可能生病，也就是原本安全穩定的空間，突然面臨了原本設定承受範圍的極限，這樣的超越，讓原本準備好要發揮涵容功能的客體與空間，產生了動搖和震盪。

　　這是第二個層次了。治療師、個案、治療的軟硬體結

構，都被迫要在很短的時間內準備隨時變動，抵抗病毒，以維護治療架構及關係的穩定進行，這是以安全及抵抗病毒為第一優先的考慮。然而佛洛伊德提醒我們，死亡及破壞的本能，無時無刻都在潛伏著，等待適當的時機，用一種我們不容易發現的方式出現，如同未能安息的幽靈，伺機而動，這還可以另文深入的論述，尤其在病毒本質尚未明朗化之前，是許多混亂的樣貌源頭，如同在社會或國際上大家看到的各種極端的矛盾一般。

　　這類的探討文獻過去其實不多，但是這一次的疫情，已經陸陸續續看到不同國家的精神分析工作者，有了一些發想和整理，我先以這篇提及治療師罹患各種疾病狀態的文章[27]所整理的來延伸，其中提到一些治療師本身的經驗，如分析師心肌梗塞後，如何影響反移情；分析師在肺炎後的一些反應，包括自己先前潛意識的全能幻想，對放棄病人的愧疚感，以及康復期間的憤怒、沮喪和個人孤立的議題。也有人討論了分析師的衰老對執行精神分析的影響，以及分析師在治療期間死亡的可能性。也有些討論是關於訓練分析師的退休問題，或由疾病引起的殘疾。伯頓（1978）在有關死亡態度的調查表中，其中包括一組精神分析師作為研究對象，得出的結論是，包括精神分析師在內，幾乎「每個人都在捍衛死亡」。雖然我們有時會與同

---

[27] Intuition and Therapy: A Description of the Process of Intuition, its Origins within the Maternal Relationship and its Role in Therapy. Wright, H. (1987) Brit. J. Psychother, 3（3）:246-255

儕就死亡或嚴重致殘疾病的照顧，安排進行一些非正式討論，實際上鮮少有人正式的制定相關的計劃。換言之，這是一個大家都會遭遇，但是很難細究的議題，這也許可以對照在父母親和小孩的配對中，父母親會不會突然生病死亡的概念發展類似，是值得也需要大家思考的。疫情期間，也已經聽聞某些國家以國家命令的方式，讓診療室一夕之間暫停實體運作，全部轉為線上，沒有了討論的餘地，也意味著其突發性和嚴重性。

　　當疾病發生在治療師身上時，需要為患者提供多少現實的訊息？這一篇文章[28]的建議是，就治療的未來而言，向患者提供的現實訊息越廣泛，移情畸變的可能性就越小。然而我們一定會重新再思考，這些詳細的現實訊息可能會干擾患者潛意識幻想的發展，也會影響到兩人依附關係的變化，現實訊息的質量，是否會超過患者適應能力的負荷，而無法進入分析的架構中消化，形成另外一種僵局的衍生和處理；疾病是良性、惡性、改善中、惡化中、不可預期性也會影響著如何告知，這無疑是分析室中的艱鉅任務，因為這是連治療師本身都必須面臨自己的困境的思考處理。換句話說，在疫情不斷延燒變化的時時刻刻，當分析師也是更能獲得病毒資訊的醫療人員時，該如何透露或要透露到何種程度，甚至要進行如何的安全措施，預期

---

[28] Intuition and Therapy: A Description of the Process of Intuition, its Origins within the Maternal Relationship and its Role in Therapy. Wright, H.（1987）Brit. J. Psychother, 3（3）:246-255

和不可預期的變化要如何的討論與傳達，都會是必須也值得思考執行的議題。

這其中，多少會嵌入一些從很現實的層面進入的元素，例如病人送上慰問、口罩、酒精、治療師的家人受到莫名的影響與探詢，一些患者需要額外的臨時保母分析師，一些患者希望等到疫情回穩再開始分析治療，但也都表明出相關的擔憂：病情或疫情的發展、未來治療的頻率、是否會遙遙無期、會不會造成治療師的負荷……，面對這樁樁的議題，該如何回應，既是外在現實也是內在現實。

本文[29]的作者在其疾病恢復期的反思，大意是：我一直預期著，在工作期間，我將持續是一名有執行力的治療師，並且會無限期地練習，避免出現慢性疾病、殘障或提早退休，於是，我的個人和職業生涯規劃上，有很大程度是取決於，對任何影響職業的身心狀態的否認或避免。立基於此，我在健康時的被動和被依賴狀態中遇到的任何程度的衝突或不適，可以以我的專業角色提供多種防禦性或適應性解決的方案；然而，當我真正生病時，面對各種內在衝突的力量，舉例包括決定何時恢復工作的議題上，我經驗了過去沒有過的——對無用狀態的退行性樂趣和滿足感，以及對責任的合理迴避。當我的身體漸漸恢復時的實務考量中——首先要看哪些患者，特別有些也彼此認識；

---

[29] Intuition and Therapy: A Description of the Process of Intuition, its Origins within the Maternal Relationship and its Role in Therapy. Wright, H. (1987) Brit. J. Psychother, 3 (3):246-255

回到治療後，患者對我的病情描述了一系列可能是正確的信息、純粹的幻想、誤解、事實的歪曲和誇大，此時我要向患者提供多少有關我的疾病和功能障礙的信息——這其中都牽涉到立即性的移情和反移情的狀態。

從上一段作者的反思，也指出了一些值得再深入的議題。當我們以為治療師重返工作時，可能會期望患者對此表示讚賞和認可，但是，患者可能會或可能不會意識到這一點；他們可能不僅不欣賞，而且可能是對分離和突然被拋棄而表現出敵對、失望或沮喪的情緒。技術上的議題會牽涉到，分析師如何或應該在多大程度上鼓勵或幫助患者描述和處理，在分離期間和恢復治療時，對分析師罹患的疾病所存在的多種有意識和潛意識反應。這些也連結到個案早期生病經歷的移情，治療師生病前分析的持續時間和進展，患者自身疾病的性質，以及患者在分析關係的非移情成分，以及患者對疾病的了解程度……。

有些治療師懷有幻想，他們自己的個人分析，已經「免疫」了他們免受某些折磨他人疾病的影響，但經驗表明，治療師確實有機會罹患，嚴重且威脅生命的不可預期的疾病和事故。這樣的事件將不可避免地強化刺激患者的移情反應以及分析師的反移情反應，在這種情況下，會產生比平時更大的情緒壓力和精神內在反應。

新的直覺正在建立中，但是對舊直覺而言，這是一個改變，改變是一個不容易的旅程，在這過程中，會激起各

種情緒的風暴。為了維護受病毒威脅的治療師的安全運
作，短時間內，一位治療師的各種身份也都面臨拆解和重
新分配比重的過程中——心理治療師、人、醫師、精神分
析師、醫療體系人員、家人......，每一種身份都在運作著
不同的任務，在如此的劇變中，要如何比較安全而可行地
讓各種身份被影響的程度降到最低，是一個現在進行式。
同時間，各種身份運作的同時，從客體的眼光中望過來，
又會是哪一種身份在運作？也因此產生新的移情與反移情
關係的面對與處理。

第三個層次：
直覺的浴火重生，
回到初始點，
診療室的存亡。

　　即使進行了第一和第二層次的思考與行動，當大家各
就各位地不斷採取最安全的設置，以進行契約好的工作
時，還是有一種莫名的不自在存在，等待著被慢慢地認
識，這是直覺的存在與工作，直到可以成為想法被思考，
成為感覺被感受。同時間，我們暫停慾望、理解，要持續
去接近哪個最真實。
　　這個層次是，進入拆解直覺、重建直覺的過程，因為
原本的架構必須調整，用來面對這超越原本預期可以涵容

的發生。這應該是最難的部分了，因為必須面對最初最原始的地帶，在過程中拆解掉原本熟悉的工作框架，這甚至牽涉到治療室的存亡，就如同SARS入侵一般，當年許多醫療人員都會面臨到這個考驗，一個很核心的現實議題是，還要繼續待在這一個生死前線嗎？又或者，要如何待在前線，又或者如何退居二線，甚至是大後方。在治療室的前線，如果要繼續與個案連結，該如何從內在、同時又是從外在的調整。

最具體的變化，可以舉視訊網路的使用來當範例。當治療雙方思考到準備使用及如何使用這個工具時，就像是把望聞問切的感官能力拆解成鏡頭、耳機、麥克風、和電腦設備。而「直覺」拆解後，又會是甚麼內容呢？具體的是，要不要打開鏡頭、鏡頭內的影像要是甚麼、佔據螢幕的頭像要用何種角度和比例呈現、耳麥的功能形式、要在如何設置的房間......，以上都是會不斷需要在確定心理安全時，同時重新不斷地思考的各個面向，以讓「直覺」可以繼續運作。

佛洛伊德晚年曾有的提問，「為什麼改變是如此的困難？」在此連結到的是，人類內在的破壞或死亡本能。五十年後的比昂，轉了一個方向，或是細化了內涵，甚至是再往還未形成驅力（drive）前，更原始的潛意識境界前進，那裡存在著具有生命力的混沌，這是比昂所談論的「O」（being）。同期間，比昂也談的「K」

（knowing）是有一種情感層面，是對於另一個客體瞭
解的過程，不僅是理性上的知道，而是想要建立一種情
感連結的理解，是一個相當困難而細緻的過程。還有
個「F」，這是比昂用來描述精神分析師，和精神現實
裡幾乎無法碰觸的終極現實（ultimate reality）部位的連
結，這需要一種開放的信念（F），但是不同於宗教的
信仰。

比昂使用這個術語F來代表未知（unknown）
和不可知（unknowable）的終極現實（Ultimate
Reality）或絕對真理（Absolute Truth）。然而，分
析師可以通過暫停記憶（memory）和慾望（desire）
來與O合為一體（at-one），因此可以接續認識了O
的演化。這是分析師的首要任務，成為O，代表了
在開放面對未知和不可知的事物的總體經驗。在這
種狀態下，潛意識的前概念（preconceptions）和飽
和的元素（saturated elements）不會干擾正在經驗中
的情感現實（experiencing emotional reality）。O是
任何轉換（transformation）、實現（realization）、
事物本身（thing-in-itself）的起源[30]。（王盈彬 譯）

這個直覺的歷程，大致是經過這樣的過程。當我們以

---

[30] Skelton, R.（Ed.）.（2006）The Edinburgh International Encyclopaedia of Psychoanalysis.

直覺來接觸到一個出現的事實（病毒或病人），感受到一種不安，無法以原本熟悉的機制來處理到來的事實（fact），也無法逃開時，我們必須先穩住原本部分的舊直覺，然後打開一個準備產生新直覺的空間，開始碰觸涵容這個事實，如同「K」的過程，然後一點一滴的轉化這些等待形成概念（concept）的前概念（preconcept）。這過程必須先放棄掉原本的直覺習慣，這意味著每一個決定，都是一種痛苦的過程，就像廢掉一部分原本的武功，甚至是全部，但是因為有一種信念（「F」的運作）存在，想要連結（「K」的運作）未知的真實（「O」的運作）。

　　因此，這過程也需要一種「負的能力」（negative capacity），來放置其中所產生的痛苦。有學者指出[31]，甚至要運作這樣的直覺，會需要一種「delta」元素，一種本質中具備整合合一的能量，有了「delta」，就會獲得超出原本心智設備的能力，超越原本已經到達極限的「O」，來驅動直覺的調整，往調整中的新「O」前進。

　　《專注與詮釋》（Attention and Interpretation）的最後一章被稱為「成就的前奏曲或替代」，其中，比昂引用濟慈（Keats）的名言來介紹了「負的能力」（negative capacity）的概念，這是一個人可以「處在不確定、神秘、疑惑之中，並在事實和

---

[31] At-one-ment, intuition and 'suchness'.Stitzman, L. (2004)　Int. J. Psycho-Anal., 85(5):1137-1155

理由出現之前，沒有出現任何煩躁」的能力。比
昂認為這種負的能力，類似於分析師需要避開記
憶、慾望和理解的紀律，如此可以達成合一同在
（being in at-one-ment）。這種能力與一種成就
語言的概念連結在一起，這種語言具有一種
不飽和的特性，可以促進演化到完成的蛻變
（transformations）。它是藝術或科學創作的語
言，具有穿越時空中斷介面（caesuras）的能力，
可以通過思想或行動來表達，在這兩種表達上，
這都是意味著演化的變革的前奏曲，它具有超越
時代或文化的耐力質地。比昂將此成就語言
（language of achievement）與替代語言
（language of substitution）進行了對比，替代語言
被用作行動的替代品，而不是行動的前奏曲。後者
是與對刺激成長的客體的嫉妒和貪婪的結合而產生
的抑製作用（inhibition）[32]。（王盈彬譯）

　　原本已經建構的直覺，如同一段延伸入原始山林的堅
固石階，這石階當初也是因為一次又一次現實的衝擊，漸
漸開創累積出來的，以用來思考消化原本以為無法承接的
狀態。只是路又到了盡頭，就像在診療室現身的真正病
毒，鮮少人有經驗要如何安全的面對或逃脫，因此必須要

[32] Skelton, R. （Ed.）. （2006） The Edinburgh International Encyclopaedia of Psychoanalysis.

重新經歷一次開創的過程，雖然不盡然最後一定可以達到共存的結果。

到這裡，我們慢慢對直覺有了一個新的整理。直覺是一種接收最真實存在的心智器官，藉由delta功能，來處理這些最真實。在發揮功能前，有一種信念存在，讓直覺可以開放地接受最真實，要能忍受痛苦，決定放棄掉各種的已知，然後以此與最真實連結，進而進入成長的階段。新病毒是一個最真實的未知，我們甚至不知道是否可以與之並存前，我們原本的直覺受到的挑戰，放棄原本直覺中已經運作的部分，這是一種痛苦，回到直覺的原始，開放地接受，重新尋找位置。如同各種科技的原件，拆解了我們的感官，新平衡正在改變中，新直覺也在建立中。

當我們面對了病毒，我們有了一個直覺，這是由過去面對其他病毒的經驗，造就了自己的情緒和想法和作為的基礎，然而這一隻病毒尚在未完全明朗的狀態，同時間醫學家們不斷在研究，公衛學家們不停在理解，政府持續在統籌著，民眾每天在接收著不同的訊息進入。每個人的心理，也開始運作如同比昂所說的前概念機制，飽和的部分是已知，未飽和的部分等待中，直覺正在偵測並消化著。當我開始決定使用科技元素，意味著設置的重新開始，而這是與個案之間共同的承受，為的是可以面對合一的真實，在病毒存在的威脅之下，我們直覺到一種不斷共構、拆解、再共構、再拆解的過程。

## 結論

　　疫情的出現，打擾了許多人長年穩定生活的基調，也迫使長年營造的治療室結構的兩造必須重新調整，以求在穩定的設置中，可以繼續進行潛意識的探索。人們以直覺生活，也以直覺在處理生活中大大小小的事，不斷因為經驗而調整中的直覺，不停穿梭在個案和治療師之間，我們何時必須停下來，又是甚麼樣的訊號讓我們必須停下來，仔細思索著這個不尋常的經驗，動用的不僅是想法的部位，也是一種行動的方式，來面對不確定的感覺。

　　病毒來了，有亟待研究的病毒生物學，也產生了病毒心理學，甚至也引發了病毒政治學。精神分析診療室中，也是活生生的實驗室，在如此真實又想像的空間中，考驗著治療師和個案，如何在現實病毒疫情的肆虐下，激化可以讓治療師和個案真實和想像活下去的技術、思考和情緒，另一方面是與社會群體的連動性，甚至也是牽涉到分群和聯盟的運作。

　　直到此篇文章的文字完工，已經是民國110年的春天了，全球感染人數已經超過一億，死亡人數也超過兩百萬，一年過去了，國際上的疫情變化還是錯綜複雜，新的變種病毒、新的因應政策、新的疫苗，都陸陸續續的登場，政治的聯盟和分裂情勢還是不斷地交錯其中。診療室的經驗，再次被提醒了，我們以為的兩個人的內在工作方式，暫時無法如此化外而常規的運作。

除了瘟疫，還有人性在挑戰！

## 20古堡

# 撕咬下的碎片

劉又銘 /

精神科醫師
臺灣精神分析學會會員

那一天開始，有人倒下了，抽搐著，困難無法呼吸。
隨著有更多的人倒下。

世界變色了，染上了有毒的顏色，人們遂認識到，與之有隔離之必要。

武裝起來，以恐懼作為開始。

這是一場生存模式的檔案報告，我將述說發生在我腦海中的事物，這些乃根據真實故事而來，而它，是個遊戲。

- A PLAY based on a TRUE story, happening in my MIND.
- 一個故事，一場演出，一種逃脫。
- A story, A play, An escape.

# 序曲－碎片起源：瘟疫
## ( Prelogue - Fragment 0:  Plague )

　　2020年1月末，春，這會兒已近年假的時分。一年累積或多或少的辛苦，此時已等待著，將被假期快樂地消化掉。放眼望去或是在眼裡期待的景色中，情人們、孩子們、家人們，正在家裡、在街上愉快著。等待返家的我，還在醫院中忙碌，穿梭於值班室與病房之間，等處理完病人，我已是最後一位離開醫院的。跟值班同事說了聲再見，我發動了車子，駛上塞車不已的高速公路，從A地開往相隔120多公里的B地。

　　這幾年來，因為工作，想要回家，成了我最常見的願望。家人說：「……請多留一點時間在家。」每當如此總有種心頭揪緊的感覺，現在終於，等我回去，就可以見到他們，就可以卸下長期陪伴著我的「陪伴不足」的焦慮。心頭縈繞著這樣的想法，一路漫長地塞車，抵達B地已是深夜。回到住所，我疲憊地坐在沙發上，打開電視，漫無目的地轉動播放台，新聞這時正在播報，異國的不明瘟疫蔓延中。疲憊不堪的感覺再度向我襲來，湧上我的身軀，我關掉電視走向臥室。

　　第二天夜裡，身為醫院裡掛名感控醫師的我，接到來自醫院的緊急召回訊息……。

　　這彷彿註定是一個要染上夜色的年假，開著夜車，我

從B地又回到A地。夜色之中，我站在醫院大門前，好一陣子，感受到在黑暗之中，周圍沒有人，只有我的疲憊，我的不解。又回到了此處，別無他方，我只得進入醫院。

接觸瘟疫，或更明白的說是接觸到因瘟疫而來的恐懼。身處於醫院工作的我，在狹小的值班室中，感覺到的狹小更加明顯了。值班室外頭鬧哄哄的，病人吵著要外出的聲音，但對此時的我來說已不是重要的事，眼前的電腦螢幕，上頭有著尚在書寫而未完成的感染控制流程手冊，醫院需要它，好來決定外頭病房裡已因感控被禁止外出的病人，能不能夠繼續安全地住院。醫院更外頭的地方，衛生局長官正風行雷厲地趕往醫院準備督導。時間，每個人好似都在不足的時間內想解決這令人胸悶心煩的工作，我盯著電腦螢幕，覺得頭暈與刺眼，此時已經連續工作十幾個小時了，但在短短不到24小時中，要繼續解讀不熟悉不理解的感控文件與原則，明顯無能而為的我，被寄託要創造出有為而能的事。

等待燒毀（burning to be burned），等待我的是某種戰爭，需要心智大量投入，我腦海中映出一幅幅戰略印象：從每個有無感染可能的病人與來源，執行篩檢的位置與目的，企圖勾勒組合成一連串完美沒有漏洞的SOP，因為漏洞，就可能等於整個醫院的潰敗。最critical的，要有人站在第一線，冒著被感染的可能風險，去篩檢可能染病的感染源，是誰該需要負擔這樣的重量，是誰該需要被賦

予這樣critical的任務，而又是誰要去下令叫誰該負擔這
些，我筆下顫抖地寫著，是誰。這一連串的戰鬥下來，我
預見，等待著自己的是一個全然燃燒耗盡，遭受烈焰燒
盡，無生命力的自己。

　　（我們到底面對著甚麼？ S.A.R.S？新種的病毒？......
如何確保病人的安全？......要我來確保？......我？一個精神
科醫師？......我會不會在這場戰鬥中陣亡？我能與不能......
保護誰？）在不斷慌亂的戰鬥之中，衛生局長官即將前來
視察，我無能而有為的工作。不足的感覺一直存在著而且
擴大著，時間不夠，資訊不足，知識不夠。耐心、體力、
安全感的數值下降，被壓榨感數值激昇（......我，能不能
做到？ Do I have the chance ？......）。

　　災難。2020年初的疫情中，在每一個地方大大小小的
混亂以及無力，同樣地，降臨一個小地方醫師面對的危機
管控中。甩鍋、孤獨、不知所措。在第一線上看見，死亡
的恐懼、染病的陰影。害怕已然襲來，有人聚集的地方就
已化作害怕的溫床，害怕像不知退卻的孩子，蜂湧直入地
湧進人世的家園，將這當作它們自由活動的樂園。在害怕
的浪潮沖刷之下，不知怎麼，我腦海裡想起了寓言，與預
言。那些古老的史詩裡，災難起始於人類的貪婪與復仇，
若要平息災難靠的是犧牲（祭品）。

　　（是誰？）

　　希臘神話中，自大的人類背棄並停止向眾神的信仰膜

拜，宙斯害怕會失去來自於信仰的神力與權力，因而釋放怪獸海妖克拉肯來懲罰人類。如今這橫空出世無人知曉來由的災難迎面衝來，只能聯想起神話寓言中流傳著，若要平息無人知曉的神之憤怒，需要選出祭品，向眾神獻祭生命。

（我的？）

我雙手顫抖著，寫下的SOP，希望我手裡把握著的，是勝利的火把而不是獻祭的火把，我該如何脫困？

時間性的轉移。從現在的時間中找尋不到出口，無意識的無時間性，帶我闖進過去，從過去聽過的神話找到出口，是錯亂了時間性——當空間性發生衝突。

Fragment 1：Playing in Greed

（碎片一：貪婪遊戲）

在值班室桌上的視野中，100公分寬150公分長的一丁點大地方，擺滿了戰備物資：酒精瓶、剩下一半開水的保溫瓶、三四包吃過的零食（洋芋片、巧克力棒、開心果），插在電腦耳機孔裡的耳機連接著youtube播放的音樂、發燙的手機在自動運算手遊，正下載著冒險得來的戰利品、電腦螢幕上顯示著那長長一列無法完成的感控手冊，在旁邊的縮小視窗裡，播放著被按下暫停的3D喪屍動畫。這是一片沒有答案，沒有明顯可靠出路，黑暗的世界。

黑暗之中，我搜尋那能夠救贖我的隊友，能解決眼前

狀況的答案。我能找尋誰？能找到甚麼？沒有。Who could I call for help？No one.

　　停滯，在無可動作的泥沼中。在電腦前我的雙手慢慢停止在鍵盤上敲打，漸漸地不能動了......。

　　等我意識過來時，發現我正在高速運轉，大量地在手邊數十頁的感控文件與電玩、零食之間來回選擇著，「吃下去」，咀嚼與翻找。有如喪屍一般。我瞥眼看見時間，大量溜走的時間使我驚覺，一種感覺沉浸了我，我在其中找尋夥伴隊友，那是一部電玩動畫，在我眼前同樣展開，黑暗中的體驗。

　　初代「惡靈古堡」（Biohazard；Resident evil）的電玩影片，描述了一群菁英特種部隊，奉命去搜尋已失蹤的出任務隊友，遭到喪屍化犬的襲擊後，躲進附近一棟古堡，在裡面發現前隊友的蹤跡與屍體，必須想辦法讓自己從這個誤入的危險中脫困。在古堡裡設法開啟一扇一扇的門，搜尋門後的線索，與突如其來追逐自己的喪屍搏鬥，還必須持續解謎以求生存。隨著戰友一個一個悲慘地死去，逐漸發現這個災難背後存在的原因，是製作病毒的公司做的實驗，因著人的貪婪野心而釀成悲劇。病毒外洩（有意無意），實驗品脫出，在這災情之中，公司還設法運用收買傭兵，來收集實驗品變化數據，因而造成災情不斷擴大，整個城市乃至全球都被捲入滅亡的恐怖陰影。

　　在這黑暗之中，我沉浸於傾聽古堡之聲，沉浸於從古

堡冒險動畫傳來的心聲。每當被迫要中斷遊戲動畫，都令我痛苦。當看著古堡動畫，我不想離開，我想繼續看著這邊，至少是令人愉悅的戰鬥與逃脫，那一道道門的突破，令人感到美好。（那被迫進入的，我想離開；我想放下，那不想拾取的重量。）我一遍一遍開啓那逃脫之道，那一幕幕的動畫，通過我的心中；我一次一次召喚這遊戲的播放，如遊戲中，召喚救援，那是我強大的召喚獸，幫我補血，打擊魔王。我往心底召喚一次又一次的play。

　　Let the play play, play video game, RPG(role play game), play the music. Play的英文，意指著遊玩，遊戲，扮演，播放，戲劇等等。這個字在英文中的多重含意，有如一個夢境那般，有多重的面向。為什麼會這樣呢？既然是人類創造出來的字，那就是人類想要怎麼用它或覺得它是怎麼用吧。或是說，這些情境有可能有共通類似的地方？

　　是play的作用吧，play在我的腦子裡做了些甚麼？Play，我播放著令我感到滿足的感覺。Play，代替我演出了我希冀的脫困。Play，我從扮演遊戲中得到活著的活力。Play，可以是心理影像的輸出與輸入，可以是我與我，我與非我的互動溝通。而我貪婪於play。在我面前有著看似無盡不斷滾動的工作，就像古堡裡殺也殺不盡的喪屍。我，怎麼辦？我找了許多自動play的音樂、電玩陪著我。直到再也放不下了為止。我吞吃了許多食物，直到再也吃不下了為止。我透過play，autoplay，吞吃了許多影

像。彷彿我的內心，可以藉此佔有無窮無盡的東西。

變化（turned）：我明白我變化了。我在貪婪中遊戲
著。或許是，在生死之間，我被阻止，我不想被阻止，我
找尋補充的方式。吞食，無窮無盡地吞食。那是否是我所
需要的，活著的泉源？而我無窮無盡地追逐它，吞食它。
不太明白，何以貪婪？貪婪如果要出現，所求何來？如果
會說話，它的願望是甚麼？貪婪，你想說話嗎？貪婪，在
無窮無盡的工作折磨（死亡恐懼）之間，像是互相映照一
般而誕生嗎？貪婪初始誕生於何處？是在眼前無光的黑暗
之中的畏懼嗎？還是在一望無際的空虛之中的飢渴？還是
在明白自己失去很多的失落之中的恨意，被召喚出來使
用？或被創造出來代替？（貪婪，你是我嗎？是我想說什
麼嗎？）

還無法回答，我繼續吃著。春天還在外頭，瘟疫仍然
也還在外頭，我被疫情留在醫院的值班室裡頭，滿桌子的
食物與電玩、動畫，在我的裡頭，對抗著被迫擠壓與壓碎
的感覺。我選擇以這個碎片作為出發點，嘗試用延伸的思
考來咀嚼這些經驗的碎片。

## Fragment 2：Where is Hero ？
### （碎片二：英雄存亡之戰）

說不出來。但我變化了，雖還不曉得自己怎麼了，只

是感覺。在生命的不足感之中，在死亡的逼近感之中，我被接觸到，變化了。I felt it, insufficiency, insecurity, which have touched and transformed me.

　　我繼續看著自己，試著深入惡靈古堡2的喪屍動畫中感覺我的處境：存活，隨時與危險如此靠近。在黑暗中摸索，在不知何處會被喪屍咬一口的黑暗中，被害怕緊緊纏繞擁抱，為了存活仍不得不繼續前進。槍擊喪屍，靠著不斷擊敗來支撐著自己，撕咬、槍擊、爆頭、追逐，那是十分清楚的血肉的痛感，因為如此驚心動魄而保持著警醒，但只有警醒的鈑機與逃跑的動機在此活著。

　　血肉的痛感，為此而生的反應是甚麼呢？「逃走吧」、「開槍，你快開槍」、「在你後面」……「那麼黑，我什麼都看不見。」我不得不，感覺到我自己在生死之間的「那個」（It），那個很複雜，或許是不想死想活著的感覺；那個，是play所追尋的感覺；那個，是對抗生死之間所產生的東西；那個，其實我既喜歡也討厭，甚至是怨恨。我明白，這像自傷而宣洩後得以存活的一種形式，是遊戲中的血與肉的撕咬，讓我有活著的激動。令我有活著的感覺，是保護這些血與肉，嘗試躲開危險逃離死亡的時候。去擊退、殺戮、復仇，那些傷害我的事物。這是喪屍與我的遊樂園，為了「那個」，我放下手邊的工作，我迷失在浣熊市，沉浸在殺戮、拯救、冒險、脫困的氣氛中。與喪屍對戰，給了我難以招架又十分需要的刺激。我試圖

去想，那是什麼。

　　喪屍，你又是誰？喪屍是失去思考，或失去稱之為人類的東西（mind）。喪屍的存在被設定成以攻擊人類為生，或許是暗示著人在鬆脫心智束縛之後，只有攻擊可能的意思呢。人類內心裡面毫無疑問有著許多事物，為什麼失去一切後的最後存在就剩攻擊呢？喪屍應該就是一種讓人害怕的東西吧？是因為哪方面呢？是因為攻擊？還是因為它們給人已經死亡的感覺呢？

　　腦補。傻了，我發覺，我在腦補這遊戲裡創造的喪屍的意義。這有意義嗎？不過，既然是腦補，那就也是（我的？）腦的創造品吧？腦內感覺要play甚麼而創造的東西吧？我的腦補，至少也是我腦子運轉的証明。雖然我得瞧瞧它想要做什麼。我於是明白，對我來說，我的腦補的存在一如喪屍的存在，是種白日的夢。創造幻想世界（科幻電影、電玩），是心之倒影的部分拼圖。喪屍被喪失了思考能力，而我正在腦補喪屍存在的意義，這或許意味著我想從喪屍身上得到什麼；我想瞭解喪屍怎麼了，因為我不了解自己怎麼了，我研究喪屍其實是在研究我自己：「你們應該也是個人吧，曾經是，喔對，我知道你是。」、「抱歉了，我要幹掉你，因為我想活下去。」我的存在，跟喪屍是不同的，我不希望這樣子死去。這掙扎，是殘存的我轉移在遊戲中的希望。

　　即使只能掙扎地思考，也仍是這趟旅途中的奢侈品，

在遊戲與世界中，都不見得有時間思索，很多時候被強迫直接行動。行動的意圖，直指延續生存的可能。喪屍活著嗎？喪屍是痛苦的矛盾，是某種永生的死亡。喪屍的命運被設計成了，吃掉某種東西（感染）後成為永生，排除眼前的東西是他為了「活下去」所做的事情。

這個遊戲並不是想扮演喪屍，雖然玩遊戲的我可能是。遊戲扮演的是英雄的存在，一個喪屍身邊的生存者。我扮演英雄角色移動，這個player以正義與生存之名移動，可以痛快地殺戮喪屍，爆頭濺血，十分暴力的作為卻以生存之名，有充分的理由，去毀滅那些原始嗜血者的存在。殺戮，不斷殺戮的同時，我彷彿追求「那個」，也同時被「那個」所感染。英雄不斷地殺戮，喪屍也是。英雄與喪屍，在殺戮的世界中，並無二異。同樣地只是殺戮著生存啊，英雄，給活嗎？到底有沒有生物可以永生？或是，只是同樣地苦悶？

英雄在這過程中，不斷地強大起來。令人思索這種不斷強大的理由，強大是為了對抗弱小（自己變成喪屍的脆弱）還是為了對抗同樣的強大（死亡的恐懼）？這是強大的弱小。不斷追求強大的理由，是因為感覺到弱小的存在。若要去消滅弱小，就想變得強大。

我雖扮演了英雄，消滅喪屍，但這真的是英雄，還是喪屍？我是強大的英雄，還是弱小的喪屍？事情好像不是當英雄或喪屍的選擇，不是強大或弱小的區別，不是生存

或死亡的非生即死，穿梭其間一致的是恐懼。我對於喪失
了生存的空間，害怕不已，而成為「那個」的俘虜，被殺
戮「感染」的喪屍。

　　這是喪失，這是毀滅的空間，站在恐懼的前面，英雄
與喪屍都是傀儡？ I feel destructed. 但我還可以思考，喪屍
不行，我不想這趟旅途停下。我想，玩下去。我想活下
去。我想，活著回來。I wanna be restored.

## Fragment 3：Aggression、Absorption、Annihilation （碎片三：撕咬、吞噬、消滅）

　　我想活下去。我想，活著回來。

　　活著就想到吃。

　　這就是我們與餓的距離嗎？沒有距離。

　　沒有距離之中，或者思考，於是創造距離。

　　Aggression.　當我咬下一口食物，看著喪屍咬下一口
人，也看著英雄暴頭一口喪屍。為什麼都是咬人呢？咬人
的目的呢？咬人令人聯想到動物：這是退行嗎？這也是人
類初生最原始的動作，大概也是最初與最後的手段囉？這
一定是生命很重要的動作吧。Oral　aggression，咬是其中
一種。咬還得非常靠近，其實有想親近對象的意味嗎？如
果只想打，那是種擊退吧？甩開對手。然而咬，會把對方
制住，而且可以深深地侵入。Oral　aggression的動作裡，

含有著攻擊、與攝入的功能，對咬人與被咬的一方來說，應該是「很親密」的關係，就像，合而為一。

Absorption. 我再咬下一口食物，看著那個沒辦法完成的手冊。食物吃下去以後要做甚麼？看是否能消化成為營養，成為讓自身壯大的一部分。沒辦法吃的東西，沒有營養。沒辦法吃而硬吃，感覺就像自己身體裡塞了異物，另一種感覺是自己被破壞了？咬住，下一步考慮的是，要不要吞下囉？當被咬住時，那又是如何？我能咬，這應該也暗示著我知道咬的意義，我知道我也會被咬，這是被吞噬的恐懼，就像黑暗之中原始人的畏懼：怕被自然界吞食。黑暗之中，我跟這種恐懼沒有距離，就像飢餓隨時存在。

Annahilation. 一直強力吃著東西的我，彷彿在吞噬的動作中，吞噬著要吞噬我的恐懼。撕咬的碎片，彷彿具有將敵意與畏懼拆解的魔力（我相信這是在想像中發生的事情），撕咬過後，成為容易被我消滅的東西。

三者合一的經驗（Aggression, Absorption, Annihilation）：或許，我想消滅東西，消滅那個令我消失的東西。不管是瘟疫，是長官，是手冊。我害怕被消滅。我於是爆頭了。我看見我想像中想看見的，爆頭。喪屍的頭成為我的祭品。我吞吃，貪婪地吞吃，這種爆頭的經驗。因為有著無法消化的經驗，轉換我成為不停爆頭的喪屍。這是喪失/消失/消滅，我吞食它們，因為我想用攻擊

來排除障礙，但我吞下無法消滅的東西，而它們成為身體裡存在的異物，轉換了我。我想消滅他們，一如他們消滅我。我這樣消滅他們，也這樣消滅了自己。

怎麼說呢，我得做點什麼同樣但又不同的事情。我想，嘗試消化它們，好不同於我被消滅的故事。我想像的消化，並不全然是消滅，是讓某種形式的存在變成另一種形式的存在，是Being with。消化是，就像吃掉東西要消化變成肌肉骨骼一樣，轉變那個無法但你想消滅的存在，在你心裡找到接受它的方法、意義、與位置，變成你自己身體的一部分，讓那個經驗變成對你有意義的部分。

我想找尋其他的經驗解釋，來幫助消化。

## Fragment 4：Myth, Legend, and Tale
## （碎片四：神話、傳說、與童話）

我想突破，消化，我想打開另一扇門。

看來我仍然飢餓，想要利用另一種食物填補無法消化的感覺。或許這仍是貪婪。

帶著受傷的靈魂，我尋求古老的智慧，走向神話、傳說、與童話。

撕咬它們，利用撕咬下來的碎片，尋找能成為智慧的結晶。

## 喪屍：轉生

　　那來研究一下喪屍的前世今生吧。喪屍的故事，可以追朔到中國古代的殭屍（怨恨無法得到安息的靈魂），西方的吸血鬼（人世間的受陷害與復仇）等傳說。這些「物種」都會藉著攻擊人類，取得生存的意義，並某種程度上改變人類成為同類。他們是人，來自於人類變化而成，有時可以轉換體質，有著「傳染」人類的能力。他們含冤莫雪，期待完成復仇任務。他們經常在黑暗中出擊，有點像潛意識的化身，從看不見的地方襲擊。

　　吸血鬼與惡魔訂立了契約，獲得永生的能力，為了進行復仇，但也失去了自由，不能行走於陽光之下，並背負永遠的罪孽。閱讀吸血鬼後，感覺到與我類似的悲哀。吸血鬼的祕密藏身於黑暗之處，我的黑暗在何處？那片黑暗又覆蓋了甚麼？

## 喚醒 (Awakening)

　　我於是想，我的轉變（turn），來自於心中的失落、怨恨、與攻擊的願望。那是我心中的罪，也誕生了心中的魔鬼。我於是相信並假設，它們是古老的存在，是外在瘟疫，讓它們從我心中被喚醒。

　　在那暗無天日的工作裡，我舉辦了嗜血派對，成為了吸血鬼伯爵，喚醒心中的惡魔，與它訂立了嗜血的契約，它賜予我無窮的生命力，助我毀壞我認為會迫害我的東

西。天下沒有白吸的血，我要付出靈魂作為代價，並且背負這為我所製的罪孽，而不停轉生。直到我破解這個秘密為止。

## 血的味道

　　喪屍與吸血鬼同樣都「嗜血」，令人好奇，血液的象徵。是否嗜血隱藏著對生命泉源的飢渴？這又令人想起母親的奶水。或許這個聯想出來，就是解釋了我前面對血肉的經驗，我對血肉的撕裂產生活著的感覺。這種嗜血，是否因曾有傷痛，想要修補傷痛，故需要奶水來撫慰。奶水，這令我欣慰與悲傷的符號，這聯想讓我明白，在孤立無援的感受後面，是被拋棄的怨，是被吃人夠夠的恨，是我所經歷的事物，我感覺這些人世拋棄了我，使我被迫血臨死亡的恐懼。而這，是尚未可說的故事（untoldable story）。

　　奶水，是給孩子喝的，父母與孩子的故事，有時候可比擬切肉之痛，刀刀見骨，就像活生生血淋淋一般，父母以血肉供給孩子長大的故事，這過程漫長而艱辛，然而孩子與父母的愛恨情仇難分難解，生我、育我、拋棄我、背棄我、吃我，難以化解，難以瞭解，該如何處理，這樣的怨恨？我想我是用默默的方式，默默地在處理的吧？在黑暗中挖掘墓地，為了不知道該埋下或該開棺的怨恨。

## 童話人生 (Another story)

　　身為孩子，讓我想聽童話說說話，有太多童話故事，是否就像孩子有太多要說但說不完整的話，童話之中的人生又是怎麼過，在此就只舉幾個片段，因為孩子要說的話總是說不完：某個版本的小紅帽，不聽獵人勸告，被大野狼假扮的老奶奶欺騙而靠近，而被大野狼吃下肚了。韓德賽與葛特爾，被父母拋棄，受不了肚子餓而進入糖果屋，差點被巫婆吃了，後來反將巫婆推入火爐煮熟，長大後成為惡魔獵人，獵殺惡魔。看著這些童話故事的發展，就好像解釋了我內心那些痛苦而不得明說的故事：我被拋棄的故事，而這又被我拋棄了，於是在另一個故事中成長。我在另一個故事中找到自己，就像是撿回被拋棄的自己，總要在另一個地方。

## 輪迴人生 (Recycled story)

　　再借用另一個故事吧。佛教人生觀的六道輪迴，是眾生皆有因心性無始以來所生的罪孽，因著心念與業力，不停輪迴六道受苦。天道–善，人道–七情六慾，修羅道–瞋恨，畜生道–愚痴，餓鬼道–貪婪，地獄道–罪業。佛教思想中，說到與心之所思有關的事，那是心裡長甚麼樣子，人長甚麼樣子，而這一切源自於無始之煩惱，產生罪業。罪，是人內心生產出來的，貪嗔癡。是否生產是母親的權力呢？或是，我可以在想像中奪回關於我的一切，我也可

以生產，藉由我的七情六慾。所以，我處在那七情六慾的
糾纏之中，但無好壞之分，我就是在這裡了。

　　這無好與無壞，空中實有，有中亦空，不再需要讓它
「不存在」，故事可以被生產出來。每場輪迴都是新的產
出，也是舊的輪迴，每個故事有著背景的執著，也有著變
化的願望。

## 獻祭謎題：懺悔與復仇

　　我這樣解答找自己：人類在享樂原則中，不那麼情願
放下，擁有貪婪原罪，而屢屢暗示：會接收到罪孽受報的
警告──災禍之源來自於人之慾望。每當末日來臨，總出
現有罪認罪的情節，人類寓言中的獻祭，乃是我有罪的莫
名懺悔的替代品？叫人去死，則是以結合攻擊與懺悔的方
式達成。

　　於是我想到，會有被獻祭的想法，乃是我認為我心中
也有原罪。為了要消滅災難，要消滅原罪。我心中有一位
神明，我獻祭予祂，以我的時間、殺戮、與人頭，滿足
祂，我召喚祂，希望祂滿意我的表現：時間破壞、殺戮人
頭……祈求災難過去，而有時身心皆化為災禍，為了避
難，為了帶來平靜而消耗掉自己。

## 消化的幻覺　(Illusion about being with)

　　想到這裡的時候，災難有時好像離我遠去，有時好像

處在身邊，於是我明白這是一種與之共存的幻覺。我每找尋一個觀點，連接一個想法，都是在這無邊無際的世界中，想尋找生存的心法。碎片之多，是我想我仍然處在貪婪的境界，這是我的眾生像，我與貪婪同在。我所找尋的每一個想法，都曾在我心裡有一個故事，有一個位置。我與它們的連結才發生了解釋的作用。我用我，嘗試想與之同在。

## 黏合 (Adherence)

我連結所能可得的思想，感受所能出現的情緒，消化無法思考的衝動力，誕生對事物的認識與意義。這些嘗試，有時存在，有時消退，有時想起，就如同一個位置，可以走來走去。或許是為自己，提供一些黏合劑，嘗試要在已經裂開的傷口中間，補充些血肉。

## Epilogue
（終曲）

故事說到了尾聲，世界仍然運轉，有時會有著就像什麼事情也沒有發生，的幻覺。如果不仔細看，這段往事，就像不被提醒的時間的感覺，只是一直在心靈某處默默地站著。只是我心上多了些印記，有時當COVID-19公文來，會有點震動。在時間與空間的結合之下，尚未找到完

全消化的印證，尚未消失的疤痕，仍在轉生。

## Repeat

想再說一遍，為了或許再一次感受未消化的感覺。

我述說的是，發生在我腦海中的事物，這些乃根據真實故事而來，而它是個遊戲。A PLAY based on a TRUE story, happening in my MIND. 一個故事，一場演出，一種逃脫。一種轉變。A story, A play, An escape. A turn.

## 拒之本：劇本 (Resistence：Script)

劇本，是演出的藍圖，也是秘密隱藏的所在。其實好像是個很簡單的故事，一個不想工作的人，不得不工作。一個不想也不能夠死去的人，害怕著死去。一個不確定要怎麼處理怨恨的人，無能為力之下，又要做點什麼。很簡單，只是說出來並不簡單，或不想被說出來，只想默默演出。於是找來演員，轉化與上裝，像是決定，為自己內心的轉變而轉化。無法言說的七情六慾，在心中輪迴，它們並未消失，而是透過轉化，以不同方式出現：變成我看起來的樣子、行動、選擇。穿上它們，我使用它們，並開始嘗試互動或擁抱，那個它（It），或許是我被撕咬下的碎片。

## 消化的故事 (A story to be with)

這是一個有待消化的故事，要與之共存的故事，要在

撕咬經驗下被接合的故事。為了消化這些，我吞食許多，我消滅許多。為了嘗試消化，我又在心智上，嘗試找到與連結某部分的自己，用自己來處理經驗、概念、與解釋，找到接受，接收這些東西的方法與地方，並讓它發揮功能，擁有意義。功能性的演員一一地出場：轉換、轉生、輪迴。轉換：Turn，當我使用英文翻譯我內心無法以原本的我說出的話，當我使用電玩與動畫出演我無法脫出的故事，那是我，表現某種我，召喚某種我。轉生：Reborn, Return，在轉換之後，偷偷地，或是默默地，有某部分被替換置入了，在心裡產生認為，以另一種方式改造了部分心的樣子，產生自己的部分。輪迴：Recycle，藉由轉生的部分，在某一故事裡想起生命中曾經有用的部分，即使它有時候看起來沒那麼好用（被自己當作垃圾）。如果找到好的部分，這個我就也是可能可以好起來的。雖然有時是幻覺，有時是血肉的接合而已，有時只是瞬間的黏合但又脫落下來的可能。但在撕咬過後，能有心智上的接合，已是奢侈。

## 脆弱

　　我說了好多事，這一切說明了不只一件事，但有一件事或許跟一切都有關：生命是脆弱的。也許我在害怕看見這一點：害怕死亡真的很可怕。我用看見這一點，嘗

試擁抱生命的脆弱，嘗試認可自己的弱小，嘗試去產生死亡沒那麼可怕的感覺。強大的英雄，是為了弱小的生命而服務；弱小的生命，正因有它才有英雄強大的動力。想甩脫這種害怕，想甩脫這困擾，卻無法甩脫這種困擾吧？無法，於是生生死死交疊，為了好不容易「活著」走下去，我讓生死擁抱，這能令我擁抱生死。這生死是我腦子裡的對話：與死亡同在之時，生命的劫數也有了意義。生命若是無限，那有限的意義會反不存在；生死限制，讓生命變得可貴，死亡之可怕的意義，正意味著對生命的重視。我產生幻覺，像是自己已接受死亡的存在，這是因我知道生命的可貴，而我利用它，同時擁抱生命與死亡。成為浴血奮戰的勇士，能與死亡沒有距離，正因如此保存生命的價值，在這種死亡，保護了生命的價值。這是心智運作之時，從生死之中產生而能保護血肉連結碎片的幻覺，當心智不運作之時，就也像母親不存在，孩子走向滅亡。

## 去而復返（Turned, and returned）

　　我在我的人生古堡中開啟一扇一扇門，找尋一條脫出的生路。雖期待的是找到離苦得樂的方法，我再想想，所找的是苦中作樂的過程。在生存與死亡之間，變成了喪屍般的存在，復仇的願望、生存的任務、消滅的恐

懼，這些包覆著我。我又在突破包圍自己裹附自己的喪屍之後，感覺沒死了下來。在這生死糾纏的現象中一再重複，那是一幕幕生死糾纏的景象，在生死擁抱之中，讓生死互相扶持了我。

## 在每個位置上遊戲著

包括今天這個過程，我仍是繼續腦補，追逐突破，並以腦中玩樂的方式想要驅逐人生的苦悶。這也是play吧，願它是一個good enough的play。因著被死亡的氣息咬住，在對死亡的害怕之中，死亡之門大開，人能轉變成雖生猶死的喪屍，而靠近了死亡，掌握或被掌握，That is the question。因著很難放下活著的執著，而點燃了火把，去突破喪屍包圍後的那扇門，而感到活著，而貪婪地咬食，是消化或不消化，This is another question。在生死之間的空隙與恐懼，人們遊戲著，去發明新的遊戲，去到曾經失去的樂園然後再回來世間吧。

➢ The End

➢ To play again

# 疫情下的獨裁與民主

周仁宇　／

臺灣精神分析學會訓練分析師
人類學博士
兒童精神科醫師

治療要捍衛的不是特定的真理，而是可以為自己做決定的成熟人格。我們無法替個案決定其信念是否正確，但若感受和思考因獨裁而停止，我們應該要能夠知道。

　　自從疫情開始以來，全球的快速蔓延與台灣的良好控制就形成明顯的對比。一年多來，每百萬人口累積確診案例，全球依然是台灣的365倍[33]。所以，當全世界大部分治療都已改為遠距，我們居然還可以對「在治療室內該不該戴口罩？」這種問題爭論不休。

　　有人主張如果不戴，若感染就必定傳給另一人，這麼一來雙方就成了命運共同體，強大的病毒就會讓隔著三公尺的兩人形同擁抱。還有更多人擔心連累接觸者，且若確診而未戴口罩將受到批判。

　　不過，也有人堅定地不戴。他們主張表情是治療的靈魂，戴口罩還不如停止治療！他們堅持正統分析對精神現實的強調，認為那些讓外在現實闖入的治療師，其實是過於焦慮。

　　2020年寒假後的那幾個月，幾乎每天都有人提起口罩的問題。所有論點聽起來都有一點道理，但我總覺得自己在無以名之的恐怖裡，對過去所知有限，對未來難以預測[34]。幸運的是，來自其他國家的師長與朋友，以及當時我正在翻譯的《溫尼考特的語言》（Abram 1996）提供了不同文化的觀點，幫我照亮不少昏暗謎團，讓我意外地注

---

[33] 根據衛生福利部疾病管制署所公佈的數據，累計至2021年3月14日的確診數，全球為119,370,274，台灣為984。每千人的確診數，全球為15.20，台灣為0.04。死亡案例數，全球為2,656,040，台灣為10。每百萬人死亡數，全球為338.26，台灣為0.42。每百萬人口確診與死亡案例，全球分別是台灣的364倍與797倍。

[34] 他們來不及想口罩問題就已改成遠距工作，因此全都費了一番工夫才聽懂我在困惑什麼。

意到台灣的文化特質在診療室內的展現。它們既與台灣特殊的歷史經驗有關，也與人類普遍的民主與獨裁的人格緊密相連。

本文分為三個部分。

第一部分引用溫尼考特對個體成熟與民主社會之關係的看法，主張人格的成熟（真我）部分具有民主的特質，而人格的分裂（假我與無情）部分則有獨裁的傾向；並引用他1949年與1967年的作品分別說明兩者的發展。

第二部分以「公媽情結」與「兩個版本的現代性」為例，討論社會的集體歷史經驗如何影響個體的成熟歷程。

第三部分主張精神分析是民主心靈的搖籃，但也持續受到文化裡累世傳遞之獨裁傾向的挑戰。

## 一、民主與獨裁的人格

溫尼考特主張，在人生的最初，嬰兒只有「無情的愛」[35]。他仰賴母親照料他的生理需求，卻沒有能力瞭解母親的立場（1945,1949e）。如果母親能夠回應他的需求，嬰兒會逐漸發現自己、發現母親，並且能夠同時關心兩者。這個人格裡成熟的部分被溫尼考特稱為「真我」。

但如果在這個關鍵的時期沒有得到夠好的照料，嬰兒

---

[35] 台語裡，「ài」這個音的意思包括「愛」與「要」兩個意思。溫尼考特所說的無情的愛更接近無情地要。他認為嬰兒若是傷害了母親，純然只是因為他有衝動與需求，而不是因為他恨，或意圖傷害母親。

就只有兩個選項：發展出順服的「假我」（有人無己）來照料母親並忽略自己，或者完全不顧母親，繼續「無情」（有己無人）。這是人格裡不成熟的兩個部分[36]（1950b）。

當人格裡的「真我」越有活力，「假我」和「無情」影響力越小，個體的心靈運作就越成熟[37]。並且，這個成熟與民主高度相關（1950a）。首先，成熟的人能夠同時接受自己與他人，而這正是民主的特性。並且，人必須夠成熟，擁有內外與人我之間的界限，為自己的決定負責，才能進行不記名投票，接受票票等值；也才能「不介意扮演孩子的角色」，把治國的責任暫時託付給選舉產生的「父母官」，但又能同時監督並在必要時罷免他們[38]。像這樣的成熟個體，如果沒有在社會裡佔一定比例以上，該社會便不可能有民主的運作。

至於「獨裁者的心理」則「與『民主』一詞可以意味的一切相反」。嬰兒期創傷使他不敢承認曾經依賴母親且受其支配。於是，他用兩種方法否認這個恐懼：一是讓自

---

[36] 若從1960的〈就真我與假我而言的自我扭曲〉裡所說的五種假我而言，在此的「假我」指的是第一類極端的狀況（假我把真我完全隱藏起來）；「無情」是第二類較不極端（假我允許真我有秘密空間）與第三類更接近健康（假我一心一意要讓真我成為自己），而「真我」則是第四類再接近健康（認同）與第五類健康（個體放下全能與原初歷程）。若從真我的角度而言，在此的「假我」是真我被隱藏，「無情」是真我的原始型式，而「真我」則是真我的成熟型式。

[37] 他的原文是「人格包括三個部分：1）真我，我和非我清楚地確立，並有些許攻擊元素和情欲元素的聯合；2）容易被引去情欲經驗路線（但卻因而失去真實感）的自體；3）完全且無情地交托給攻擊的自體。」

[38] 正因如此，我們會等待個體到了成熟的年紀才給予投票權（Winnicott 1950a）。

己成為「無情」（否定世界）的支配者，二是建立「假我」（否定自己）以「尋求已知之人的支配」（1950a）。比昂則提出第三可能性：訴諸「道德的自大斷言」（用教條來否定自己也否定世界，這是假我和無情的加總）（Bion 1962a）。只要心靈運作由「假我」或「無情」所主導，就會只容得下一個聲音。這種精神病（Winnicott 1954, Bion 1962b）不相信潛意識存在，自認無所不知[39]（Freud 1917）。不論他們決定戴口罩與否，都會壓迫或鄙視其他觀點。

民主與獨裁的心靈運作之間存在著根本的差異。首先，民主的心靈有自信與彈性，敢於將別人的意見納入考慮；但獨裁者為了防衛恐懼，只能牢牢抓住他所選取的資訊，小心控制旁人以免干擾自己的平衡。在獨裁心靈運作下的個案，不論再怎麼嚴重地背離常識判斷，治療師的澄清與質疑通常無法撼動他的信念。

相較於「真我」的妥協必然帶來的淡淡憂傷，「假我」和「無情」經常伴隨興奮。因為妥協需要較大的能量，所以在疲累或恐懼時，獨裁心靈運作經常會活躍起來[40]。

以下分別說明這兩種差異極大的心靈運作，希望對如何在診療室裡認出它們有所幫助。

---

[39] 佛洛伊德說：「我們甚至不是自己房子的主人」是人類最難以接受的打擊之一。

[40] 溫尼考特在二戰期間就開玩笑說，人類每隔二、三十年都要大打一仗來好好休息一下（Winnicott 1940）。

## 母嬰關係與民主的心靈運作

　　1949年對溫尼考特自己的成熟極為重要，他經歷父親過世、心肌梗塞、離婚，飽受罪惡感的折磨。這一年裡他大量寫作，彷彿拼了命似地在問：人要怎樣才能在滿足自己時，不傷到別人？

　　對溫尼考特而言，嬰兒的成熟高度仰賴母親的成熟。如果嬰兒在餵奶時把頭轉開，成熟的母親會有能力客觀地分辨嬰兒已經喝飽？或被別的事物吸引？或無力控制姿勢？然後給了相應的照料或等待，並且在嬰兒發動新的接觸以前，不強加自己的欲望在嬰兒身上（1949a）。並且，

　　　　如果小女孩想飛，我們不會只說「孩子不會飛」。反之，我們抱起她，環繞頭頂上方，將她放到櫥櫃上，於是她覺得自己像鳥兒飛回巢裡……關鍵是我們不要用現實強壓小孩……若一切順利，孩子會開始對真實世界產生科學興趣……且不喪失個人想像或內心世界的現實……（1949b）。

　　嬰兒的幻想必須先被接受並實現，有了全能錯覺，然後才能一點一滴接受現實。唯有這個順序，孩子才不必為了承認世界而否定自己，或為了維護自己而否定世界。

　　但若父母無法為嬰兒屏除過大「劑量」的外在刺激與內在衝動（例如天氣太冷要加衣服，肚子餓了要餵奶），

嬰兒就無法將身體經驗整合為心理經驗。過早失去全能錯覺的孩子，就必須發展出過於肥大的心智來運作全能妄想（1949c）。

成熟的母親不只能「將自己交託給與當時嬰兒的經驗幾乎完全相符的歷程[41]」（1949d），也能從這種深度認同當中抽離出來，覺察並接受自己對嬰兒的恨意，並且不報復[42]。這是母親能夠同時接受嬰兒與自己的民主心靈運作。

而且不只是接受而已，她還能享受自己。

> 好好享受吧！享受自己被重視。享受在你製造著世界的新成員時，讓別人去照料世界……為了您自己而享受所有的這些吧，但從嬰兒的角度來看，您從混亂的嬰兒照料事務中獲得的樂趣極為重要。比起在正確的時間獲得正確的餵養，嬰兒比較希望讓喜歡自己的人餵養……（1949f）。

在「工作累死了，但我自己太愛玩，難得可以連續陪女兒玩那麼多天。每次想到她就覺得自己很幸運。」以及

---

[41] 原初母性專注。

[42] 為了強調嬰兒對母親身心所造成的壓力，溫尼考特在〈反移情裡的恨〉（1949e）裡一口氣列舉了母親應該恨嬰兒的十七個理由。我相信他要強調的是，嬰兒若要長成一個成熟（同時接受自己與世界的立場）的人，他就必須擁有一個成熟（同時接受自己與嬰兒的立場）的母親。

「工作累死了，但一回到家還得處理女兒的情緒問題。我運氣真差。她是幸好有我這個媽，否則......。」這兩種母親之間隔著好幾個星系的距離。

前者能在心中同時放置自己與女兒的需求，並且樂在其中。我們可以想像，她會比較能依賴並感謝身邊的人，在疫情中相信專家的建議，「讓別人去照料世界」，於是自己可以陪伴孩子，「製造世界的新成員」。最重要的是，在孩子有能力理解並承受危險之前，她會採取必要的措施保護孩子並承擔責任，在孩子抗議時，堅持那些措施，同時接受孩子的情緒而不辯解。

後者則將兒女視為自己的一部分，強迫兒女接受「正確的餵養」。她會無法相信任何人面對疫情的能力，拼命研究並試圖控制每個細節。她也因為急於證明自己的價值，總是把責任推給孩子。在這種環境長大的人，情緒發展之路自然滿目瘡痍。

民主與獨裁的心靈運作，便如此在世代間傳遞。

## 獨裁心靈運作的兩種面貌

1967年溫尼考特突然再度以令人難以置信的速度大量寫作。或許受到第一任分析師[43]去世所刺激，他簡直像是急著一口氣把一生的結論全部寫出來似的，幾乎每一篇都是他留給世界的遺言。相較於1949年他談嬰兒的「錯

---

[43] 詹姆斯·史崔奇（James Strachey 1887-1967），佛洛伊德全集英文版譯者。

覺」，這一次他強調「幻滅」。

在〈文化經驗的所在〉裡，他說母親必須「適量」地
離開，嬰兒才能脫離最初的融合狀態：

> 若母親離開超過x分鐘……嬰兒感到痛苦，但
> 這痛苦很快就得到改善，因為母親在x＋y分鐘時回
> 來了。但若是x＋y＋z分鐘，嬰兒就會受到創傷……
> 相對的，在x＋y這種程度的剝奪影響下，嬰兒不斷
> 被母親的修補……所療癒……再一次容許分離並從
> 分離得到益處。這就是我準備要檢視的地方：這
> 是分離，但這個分離不是分離，而是一種結合的
> 型式（1967b）。

這應該是人類發展最動人的一步了。在分離前，嬰兒
誤以為世界是合一的。他就是世界，因此不必有辭典。母
親的照料一直維持著這個全能錯覺，直到x＋y的分離經
驗，讓嬰兒慢慢發現並且接受彼此分離的自己與母親。如
果一切順利，接下來他會有一輩子的時間，去慢慢享受自
己與母親的各種細節，以及早就等在那裡的（好幾部辭典
都無法涵蓋的）世界[44]。

這世界遠非完美，如果母親離開太久、太早、或太突
然，失去母親錯覺法術保護的孩子，只好拼命滿足他人，

---

[44] 溫尼考特說這是「符合個體年齡之成熟度的成熟度。」（1967c）

控制他人，絕不依賴他人，抓緊信念，讓自己無可取代。他必須日夜不停地操持妄想的咒語，催眠自己，讓自己相信：在這個無依無靠的世界裡，他只能憑著自己活下去。問題是：純然由咒語所建造的船帆或許能乘風破浪，但巫師永遠無法安睡。

　　紀伯倫說：「柱子必須各自矗立，才足以支撐神殿（Gibran 1923）。」唯有得到分離與結合能力的人，才能相信世界由無數的柱子所支撐；對依靠全能妄想勉強活下來的人來說，他們的獨裁心靈運作，只能容許這世界有一根柱子。

　　但是，沒有和母親分離的嬰兒，永遠得不到真正的安全感，

　　　　這就是機械完美與人類之愛的差異所在。人類失誤再失誤；在日常照料過程中，母親一直在修補自己的失誤。這些相對失誤加上立即補救……使嬰兒了解什麼叫做成功。因此，成功的適應會給人一種安全感，一種一直被愛著的感覺（1967d）。

　　這是典型溫尼考特描繪的絕美畫面。但如果母親「在最初階段錯失機會」，她將終其一生都得對孩子「做治療而不是當父母」（1956）。只是，這種由獨裁心靈主宰的治療，哪裡也去不了。若孩子的衝動與需求過久沒有得到

回應，便無法成為心理經驗，無法累積堆疊成一個自己。因為，

> 各種事物不斷發生而後衰亡。這是你已然死過無數次的死亡。但是，如果有某個人在，某個能夠把發生的事物還給你的人，那些被如此處理過的細節就會變成你的一部分，就不會死去（1967e）。

更糟的是，

> 如果母親的臉沒有反應，那麼鏡子就是要看的東西，而不是要照的東西......有些嬰兒研究母性面貌的各種變異，以試圖預測母親的心情......「如果......我就必須撤銷我自己的個人需求（1967f）。」

順服於母親需求的孩子就像獨裁霸權下的人民，他們必須研究母親的需要，相信自己有責任把母親「修理」好，相信「我只要......就能......」。甚至覺得母親的問題都是自己造成的[45]（Fairbairn 1952），這種順服的「假我」是全能妄想的另一種型式。

不過，只要孩子還懷抱希望，其「無情」的部分人格就會「四處尋找從環境中找回自己的其他方法（Winnicott

---

[45] 因為「與其生活在撒旦主宰的世界，還不如在神的國度裡當個罪人。」

1967f）」。這些「反社會的孩子」會在自己也不明白的
狀況下，以過動、注意力不集中、偷竊、破壞、對立反抗
來向環境傳達求救的訊號。他們「必須耗盡人生尋找這種
協助」，否則「無法好好繼續自己的人生」（1967g）。

　　不幸的是，父母常常看不懂這樣的掙扎。於是，

> 當反社會行為沒有被視為含有求救訊號的成
> 份時，到男孩或女孩由於溝通失敗而變得難以改
> 變時，而當附帶好處變得重要，並在某些反社會
> 活動中取得卓越的技能，此時要在反社會男孩或
> 女孩看出作為希望徵兆的求救訊號，便會難上加
> 難（1967g）。

　　至此，孩子在「無情」與「假我」來回擺盪的無限循
環當中，無論如何都無法讓自己與世界同時存在。當整合
的希望完全熄滅之時，這些「一路跋涉到達精神缺陷的孩
子不再受苦，幾乎已經刀槍不入」（1967h）。

## 二、集體歷史經驗如何影響個體的成熟歷程

　　我們已無法再將一切問題推給遺傳，也不再能夠否認
外在現實對內在成熟歷程的衝擊。溫尼考特以兒童在倫敦
大轟炸的後撤行動中與父母分離所造成的創傷為例：

假設第二次世界大戰（尤其是兒童後撤行動）使英國的反社會兒童比例從X%增加到5X%，便很容易影響到教育系統，使得教育的方針轉向應對這5X%的反社會兒童，因而迫切地需要獨裁手段，進而遠離那100－5X%不是反社會的孩子們。

十年後......5X%就常會摧生出普遍針對罪犯的施政方向（1950a）。

我並不知道這場瘟疫所帶來的不安會讓我們增加多少反社會兒童，但我知道，在這個島嶼不斷向前伸展的光明與昏暗之中，各種大大小小歷史事件的總和，把我們帶到這場瘟疫裡。這不是第一次，也不會是最後一次。

也許是受到溫尼考特的鼓動，或人類學的血液在蠢蠢欲動，接下來我想討論台灣文化裡兩個威脅民主心靈運作的元素。

### 「公媽情結」

長久以來，許多人誤以為漢人社會以家庭為中心（相對於西方社會以個人為中心）。但原本中文裡甚至連「家庭」這個詞都沒有。如同大部分自然與社會科學語彙，現代漢語裡的「家庭」借自明治維新後的日語（Anagnost 1997）。對傳統漢文化以「差序格局」而非「團體格局」運行的關係模式而言，重要的是與中央的相對關係，而非

由邊界所定義的單位（Fei 1947）。

　　長久以來，為了確保生產工具的傳承與產品的分配，這個體系以祖、父、子、孫的線性傳承為中心。神明廳裡的牌位或照片中，祖先們也都彼此平行地看向後代子孫。郝瑞把這稱為正統模式（Harrell 2013）。

　　相對的，在人類天性與實際生活中，佔有重要地位的自然關係，例如夫妻、父女、母子（反抗模式），則受到壓抑。我們幾乎看不到以家庭（團體）生活為主題的古老繪畫或雕刻。甚且，「家」這個字由「宀」（房子）和「豕」（豬）組成。與其說漢人是重視家庭的民族，還不如說是重視家產的民族。

　　然而，一旦生產結構改變，人類天性便會突圍而出。從1930年代暗示家庭邊界與成員的「全家福照片」，到1980年代開始互相對看的婚紗攝影（Adrian 2003），讓郝瑞語重心長地說：「這是正統模式結束的開始（Harrell 2013）。」

　　確實，這只是一場長期鬥爭的開始。在久遠的年代裡，正統模式鼓勵獨裁心靈運作，為獨裁政權源源不絕地提供支持者；而獨裁政權則藉由以武力為後盾的論述，強化正統模式。它們對個體心靈運作的影響代代相傳，並沒有那麼容易消散。

　　我無意宣稱哪個民族比較成熟，因為人世與人性的脆弱，每個文化都是各自獨特歷史長河裡，為了活下去而累

積出來的解決方案，而每個人的發展歷程必定也有程度不一的創傷，人格必然會是一定比例「真我」、「假我」、與「無情」的組合。

但不得不承認，我們在診療室裡經常聽到正統模式的成長故事，或血淚斑斑、或索然無味、或光怪陸離。我們總是可以找到這樣的基本元素：家族的強盛與榮耀被極度強調；自我的實現與幸福受到忽略；孩子「選擇」讓父母有面子而不是自己想讀的校系；「選擇」對象時，只考慮職業正當、為人正直、遺傳正常等等與「正」有關的特質，不去想自己是否快樂，是否喜歡和對方在一起時的自己。這樣的人總是不知道自己是誰、真正想做什麼。在不得不談渴望的場合，也只會說：希望可以被人喜歡。

我把這稱為「公媽情結」（「公媽」在台語裡是祖先的意思）。在這個情結裡，人們遭遇比「伊底帕斯情結」更為原始的挑戰。「伊底帕斯情結」是關於獨立個體的欲望，能夠有這種掙扎的人已然離開融合的狀態。他們面對的是分離的個體要以何種型式結合，以及和什麼對象結合的挑戰。

「閹割焦慮」雖然可怕，但至少已經有一個人存在那裡，去經驗焦慮。但「公媽情結」裡，獨立的個體根本就還不存在，他尚未從融合獨立出來，他仍是家族的財產而非成員（Chou 2017, 2019）。尚未解決「公媽情結」的個體，在必須面對伊底帕斯情境時，無法承受嫉妒與競爭所

帶來的恐怖，反而會有被閹割的渴望（Laufer 1976），因為如此一來，他就可以永遠留在父母身邊當個巨嬰。

在「公媽情結」極度糾結下，只有家族而沒有個體的聲音。此時個體只有「無情」與「假我」兩種選擇。在家族的壓力下，他只能暫時順服，一旦本能的衝動將他帶向無情，他便得面對家族的攻擊，以及隨之而來的危險與罪惡感。在這樣的處境下，「真我」要保持活力，遠比「無情」或「假我」來得艱難。

## 兩個版本的現代性

以源遠流長的「公媽情結」作為背景，台灣人在二十世紀上半的五十年間，經歷了兩次以瘟疫為主角的社會巨變。

從1898年到1906年，後藤新平[46]藉著以「生物學原則」為基礎的「科學殖民」，對土地、人口、風俗展開詳細調查，並進行衛生（尤其是自來水與下水道）、醫療、交通、產業、土地改革等基礎建設。這一系列的大規模現代化工程，使得長期橫行的瘟疫最終得到控制。

後藤透過各種手段說服士紳們[47]讓孩子進入總督府醫學校就讀，並且在畢業後讓他們回到地方執業。這群台灣

---

[46] 曾任日本最高衛生主管，在一八九五年日軍尚未抵達台灣之前，就強調檢疫的重要性。他在此八年期間擔任台灣總督府民政長官。

[47] 當時醫生被視為低下的行業。

醫師從日本教授那裡學到了兩樣東西：現代醫學的知識與技術，以及自由派的反政府思想[48]。私人執業的他們享有頗高的收入與地位，並且處於殖民者直接管轄之外，加上在戰時政府組織與政治社會運動中的重要角色，使得這群台灣醫師既是「現代性象徵」也是「族群領袖」，擁有既象徵日本，又反抗日本的「混血身份[49]」（Lo 2002）。

但二戰結束後，一切都變了。台灣接管計劃綱要第四條這麼說：

> 應增強民族意識，廓清奴化思想，普及教育機會，提高文化水準（張 1990）。

「族群領袖」對上「民族意識」，而代表日本的「現代性象徵」成了「奴化思想」。國民黨文化復興的大國想望，對於長期受日本統治的台灣人來說，實在太難想像。而醫學、教育和民主，對於一直被戰亂淹沒的中國人而言，實在過於遙遠。這兩個版本的現代想像在當時的主流媒體上唇槍舌劍。

從中國人的角度來看，台灣充滿了日本帝國的毒素；從台灣人的角度來看，原本習以為常的秩序變成無邊的混亂，台灣與中國間原本嚴格檢疫的國際航線，變成了不設

---

[48] 當年醫學校的日本教授們常是反政府的自由派學者。

[49] 「hybrid identity」。

防的國內航線，島嶼再一次被傳染病佔領。1946年3月6日
台灣新生報的社論這麼寫：

> 我們向來自認台灣是個衛生的樂土……確保這衛
> 生台灣的榮名底原因，全在衛生思想普及，防疫設
> 施的完備這兩點……是日本殖民統治功罪史裡底一個
> 不能消滅的事實。

不過國民黨關心的是別的事。新任台北大學（現台
大）校長羅宗洛這麼說：

> 本大學為國立大學，故應中國化……台北大學雖以
> 台北得名，然非台灣之大學，乃中國之國立大學……與
> 牛津，劍橋比美（黃 1975）。

衝突不斷升高，直到1947年2月26日民報的社論裡出
現了這樣一段話：

> 在文明國，有了完整的防疫組織，惡疫縱使在
> 未開化的地方流行，卻不能侵入他們的地方。縱使
> 一旦侵入，他們亦有組織的方法可以撲滅。由這點
> 來看，未開化國的「天命」，在開化國卻不是天命
> 了，他可以用科學和組織克服這個「天命」。……我

們絕對要防止這個「天命」的光復。

　　兩天後就發生了228事件。醫師們理所當然擔任起族群領袖，但這次迎接他們的不再是熟悉的長期抗爭，而是立即的監禁、刑求與屠殺。之後38年的戒嚴裡，透過與「公媽情結」相連的國家主義論述、籍貫與軍公教系統的差別治理、教育與媒體的思想改造、以及特務系統的監控清掃，獨裁者看似取得了全面的勝利。不過這些都不是真正可怕的影響，如同「公媽情結」裡的正統模式，不論什麼樣的獨裁者，都無法永遠壓制所有的聲音。恐怖的是：他們成功地讓兩群有著不同經驗與理想的人，持續以對方為敵，卻沒注意到雙方都受到同一個獨裁政權的壓迫。

　　有很長的一段時間，人們必須小心說話以求保命；父母擔心孩子受統治者迫害或收買而阻止他們去讀文、法學院。兩個群體的孩子，在長大的過程中，無法理解父母為何對另一方的人有那種血海深仇。解嚴後，這些血海深仇透過或正義凜然或溫柔動人的論述包裝，繼續在各種場合完成催眠的任務。只要談到政治，人們很難聽立場不同的人說話，也很難把自己的想法說清楚[50]。

　　七十幾年來，這兩個版本的現代性，不斷以各種樣貌在各種情境裡，進行著看似無關緊要實則生死交關的纏鬥（Chou 2002,2006），並且在17年前把台灣拖進

---

[50] 這使得台灣在推動轉型正義時極為困難。

SARS的災難裡。

　　至於這次的COVID-19再次挑動的中國與台灣兩個現代性版本的鬥爭[51]，我無意也無能在此繼續深究。我想把焦點轉回診療室，探討治療師們如何辨認並面對獨裁的心靈運作。

## 三、診療室作為民主的搖籃

　　67年前溫尼考特就說：

> 在分析中，若我們能只收那些他們的母親在……最初幾個月裡提供了夠好情境的病人，就會舒服很多。只是，這個精神分析的年代正在堅定地走向終結（1954）。

　　現在看來，那個年代早就結束了。當代的我們，每天都在面對「無情」與「假我」的獨裁心靈運作。並且，最大的挑戰是治療師自己的獨裁。當個案極端獨裁的心靈運作以強烈手段試圖控制一切時，我們的「無情」必然會受到刺激，開始在材料「內容」上與個案爭論。個案的堅持會逼得我們不得不逐漸加強力道，直到感覺到殘忍而不敢再說，只能以「假我」面對個案。當然，再過不久「無

---

[51] 當然，二戰結束以來，台灣醫師在這場鬥爭裡的位置經過了複雜的演化歷程。

情」必定又會再度浮上水面。如此，我們掉進「假我」與
「無情」（以及施虐與受虐）之間的無限輪轉，直到筋疲
力竭。就像獨裁政權底下的民主鬥士們，此時治療師自然
會想要流亡海外，把個案轉介給「更合適的治療師」，或
為自己選擇新的「生涯規劃」。

在這種情境下，治療師經常會有不知在對抗什麼黑
色力量的感觸，以及即使盡了力，也抖不掉的那種與空
氣拔河的徒勞感。此時，若是沒有分析框架的保護，治
療師民主部分的人格很難保持活力，治療也實在很難進
行下去。

## 治療框架的民主特質

當年，佛洛伊德放棄催眠改用自由聯想，就是因為催
眠排除個案的自我，沒有平等看待每一股力量。這是催眠
的獨裁特質。他要求治療師，不要強加自己的立場在個案
身上，要在個案的本我、超我、和自我之間保持等距，甚
至「不將心力集中在任何事物上，以維持平均懸浮的注意
力」，因為一旦開始選擇特定的材料，就「永遠只能找到
自己早已知道的事物」[52]（Freud 1912）。

精神分析同時關照相互矛盾或平行的事物。例如：
個案材料裡的現實與幻想；個案的移情與治療師的反移
情；語言與非語言的交流；妄想分裂位置與憂鬱位置的

---

[52] 這個態度，和娥蘇拉·勒瑰恩所說的「若要傾聽，必先靜默」相似（Le Guin 1968）。

來來回回；溝通的需要與不溝通的權力……我們幾乎可以在精神分析文獻裡找到無限數量的配對。這是一個推崇眾聲喧嘩（民主）並懷疑單一結論（獨裁）的學問（Bion 1992）。

　　從一開始，精神分析便反對那些宣稱必然正確的道德理想（Racker 1966），並鼓勵分析師關注自己的失誤，因為「我們唯有被逼著當失敗的父母，才能當成功的治療師（Winnicott 1962）。」我認為，人們之所以經常用母嬰關係來比喻分析情境，是因為治療師／母親的民主心靈運作，肩負著協助個案／嬰兒離開獨裁心靈運作的任務。

　　人們常因精神分析對於各種結構的堅持，而誤以為這是一個父權專治的學派。但事實上，這些結構是用來框架出一個空間，讓治療雙方的民主部分人格得以保持活力。就像民主社會裡，為了能夠自由安全地生活與工作，我們也會容許自己受到法律的約束。

　　但即使如此，我們還是未必能夠成功。每天清晨，我們走進隱身於巨大城市裡的小小診療室，打開窗戶，召喚佛洛伊德的古老智慧，立起一道又一道的心理防線，努力讓自己盡可能有愛又有力量，拼命撐起一片勉強算得上安全的空間。但我們要如何確定，這個喧囂人世裡的角落真的安全？我們面對的不只是每一小時走進來的個案身上的創傷，我們自己人格裡分裂不成熟的部分，也不見得有多安靜。我們真的能夠面對人性裡強大的獨裁傾向嗎？我不

確定，但我們可以憑藉佛洛伊德發明的治療框架，它不但
具有民主的特質，並且支持民主的心靈運作。但如同民主
社會，這個框架也有賴於一定比例以上的成熟個體。如果
治療雙方都在獨裁心靈運作中，他們哪裡也去不了。

在1967年一場自我反省的演說裡，溫尼考特說：

> 佛洛伊德給了我們這個有用的方法，它的確帶
> 我們到很重要的地方。重點是，它真的讓我發現事
> 物，它是一個觀察事物的客觀方法，提供給那些可
> 以不帶先入為主看法來接觸事物的人（1967a）。

## 治療師的民主（成熟）心靈運作

可以不先入為主的治療師是個成熟的人，像個能夠
「涵容來自內外衝突」的圓圈，不會為了解決內在困境而
發動對外戰爭。圓圈中央還有條通透的線（1969），使他
能同時看到口罩的好處與壞處，能夠決定戴或不戴，但也
能接受其他選項的潛在價值；不論個案的想法多麼偏離現
實，他仍然可以在堅持規則時，保有對個案想法的興趣。
也就是說，民主心靈運作下的治療師，比較能夠在保護治療
框架的同時，回應個案獨裁心靈運作背後的恐懼，找到個案
可以接受的回應，而不掉入殘忍詮釋與過度克制的極
端。

獨裁的人像破碎的圓圈，中間的線如柏林圍牆般粗

暴，他不論支持或反對戴口罩，都會全然否認另一個選項的價值，以讓他對自己的正確與良善深信不疑，然後把一切的惡推給「代罪羔羊」[53]（Winnicott 1969; Sandler 1976, 1993）。

疫情，就像顯影劑那樣，讓獨裁心靈運作的痕跡，以更清晰且更活躍的姿態，展現在治療關係裡。而我們的工作，便是去解讀這些痕跡。

1967年的溫尼考特，幾乎每篇論文都不吝於用充滿情緒的語言，直截了當地建議治療師。首先，

心理治療並非聰明敏捷的詮釋，而是長期回饋病患帶來的材料。這是臉的複雜衍生物，那個臉反映在那裡要被看的事物。我喜歡這樣看待我的工作，並認為如果我做得夠好，患者將發現他或她自己，能夠開始存在並感到真實（1967f）。

這很重要，因為唯有如此，個案才能看見自己真實的核心，而不只是防衛的外殼。這也很困難，因為獨裁的心靈運作動用極大的力量去否認並投射。治療的工作和他們長期以來的生存之道有著根本的衝突。根據他們的生存法則，在面對治療師這面鏡子時，必須不斷地對著鏡子看、找、挑、擦、敲、集，但就是不照。他曾經被傷得太深，

---

[53] 這是為何精神分析如此強調督導與個人治療。

再也不敢去看鏡子裡的自己。

當治療師面對這種如同岩石一般的否認時，首要之務，是在材料中找到希望的徵兆。

> 這個希望是……利用治療師給的支持……回到即使涉及攻擊衝動其自發性也仍然安全的那段時間……（1967g）。

要完成這個任務，治療師必須忍住「證明自己有用」的衝動，以避免——

> 徒勞地試圖在無理中尋找組織，結果病人因為無法傳達無理而離開無理區……休息的機會被錯過……消除了信任感。治療師千方百計想當個聰明的分析師，想在混沌中看到秩序，因而在無意中離棄了自己專業的角色（1967e）。

民主的運作，仰賴社會中足夠比例的成熟個體，所以每當我們在治療室裡，成功地幫助一位個案邁向獨立整合發展真我，我們的社會就向民主那邊移過去小小的一步。若我們夠成熟，也夠幸運，我們便可以把照顧疫情的工作交給中央疫情指揮中心，以便有更多的時間和空間去當個夠好的治療師。

## 結論：要攻擊什麼？保衛什麼？

當人格裡的「真我」部分越有活力，「假我」和「無情」的部分越沒有影響力，個體就越成熟，越能在關懷世界的同時保有自己的特質，在展現衝動時不干擾環境的穩定。這是民主的心靈運作。反之，若由「假我」和「無情」主導，個體就越不成熟，越會在否定自己與否定世界之間來回擺盪。這是獨裁的心靈運作。

而人格的形成，取決於情緒發展當中環境的特質。若環境是獨裁的，便會逼使個體發展「假我」和「無情」，個體便也會傾向於獨裁，然後這樣的個體，又會成為別的個體的環境，代代相傳。

我們經常可以聽到，個體自發性被集體利益壓制的故事，「公媽情結」與「兩個版本的現代性」只是其中的兩個例子。這些大規模的社會情境，對個體的人格發展及其展現，有著深遠的影響。當累世堆疊的創傷出現在診療室裡，面對著個案獨裁心靈運作的治療師，經常會被逼得只能在無情的反抗與順服的假我之間來回掙扎，在這種時候，治療師最終要捍衛的，並非自己的意見（某種特定的詮釋），而是自己民主部分人格的活力。我們要攻擊的，不是個案的特定防衛或超我，而是那些會把一切都拉進獨裁心靈運作裡去的力量。

當年獨裁政權可怕之處，在於他們利用恐懼迫使人們反抗或順服。如果我們靜默地配合他們，便會成為旁觀者

或甚至施暴者（Luci 2017; Covington 2017）。但當我們終於集結了足夠的力量來反抗獨裁時，「與野獸搏鬥」的我們更要「小心不要在過程裡變成野獸[54]（Nietzsche 1886）。」

溫尼考特和比昂都聲嘶力竭，前者說：「治療師千方百計想當個聰明的分析師，想在混沌中看到秩序，因而在無意中離棄了自己專業的角色（Winnicott 1967e）。」而後者說：「不要記憶以前的治療，那衝動越強，就越需要去抗拒它……任何危機都不能打破這條規則（Bion 1967, 1977）。」為了提醒我們小心面對限縮感受與思考的力量，他們都把話講得很重，重到好像這是一場戰爭似的。

另一種更大的危險是，即使我們在與野獸搏鬥時，沒有變成野獸，還是有可能會被他人說成是野獸。那些聽不見音樂的人，當然會說正在跳舞的人瘋了，然後把手無寸鐵，被軍警毆打的學生，說成是紅衛兵，或是把堅持民主結構的治療師，當成父權的象徵。甚至一定也會有人，把阻止學生自殺的老師，或阻止嬰兒接近危險物品的父母，扭曲成是獨裁的例子，用來合理化真正的獨裁運作。

重要的是，如果我們能夠分辨民主與獨裁的心靈運作，我們會比較能夠曉得自己在攻擊什麼，在捍衛什麼。這就像尼采鼓勵我們的：「當一個人曉得生命的目的時，不論什麼他都能夠應付[55]（Nietzsche 1889）。」

---

[54] Whoever fights monsters should see to it that in the process he does not become a monster.

[55] When one has one's wherefore of life, one gets along with almost every how.

　　但要時時刻刻那麼明白實在並不容易，人格當中的民主與獨裁總是來來回回地此消彼長。治療師不論多麼小心，還是會一不小心就離棄了專業的道路，時不時就掉進記憶和欲望的牢籠。

　　這讓我想起費滋傑羅：

　　蓋茲比相信那盞青燈，相信一年又一年在我們眼前遠去的極樂未來。當時它逃離我們，但沒關係——明天我們會跑得更快，把手臂伸得更長……直到一個美好的清晨——為此，我們繼續前行，像逆流而上的船隻，不斷地被浪潮推回到過去（Fitzgerald 1925）。

# | 參考文獻

Adrian, Bonnie （2003） Framing the Bride: Globalizing Beauty and Romance in Taiwan's Bridal Industry. Berkely: University of California Press.

Anagnost, Ann （1997） National Past-Times, Narrative, Representation, and Power in Modern China. Durham: Duke University Press.

Bernstein, J.W. （1999） Countertransference. Psychoanal. Dial., 9 （3）:275-299

Bion, Wilfred （1962a） The Psycho-Analytic Study of Thinking. Int. J. Psycho-Anal., 43:306-310

Bion, Wilfred （1962b） Learning from Experience.

Bion, Wilfred （1967） Notes on Memory and Desire. The Complete Works of W.R. Bion V: 203-210

Bion, Wilfred （1977） The Italian Seminars, Seminar 5. The Complete Works of W.R. Bion IX:142-151

Bion, Wilfred （1992） Cogitations. London: Karnac Books.

Chou, Jen-Yu （2002） The Social Transformation of Taiwanese Medicine. Thesis, University of Washington, Department of Anthropology

Chou, Jen-Yu. （2006） The Psychiatric Politics of Risk and Cost: Forensic Theory and Practice in the US and Taiwan; Ph.D. Dissertation, University of Washington, Department of Anthropology

Chou, Jen-Yu. （2017） Taiwanese Oedipus: The Dynamics between Creativity and the Superego. IPA Asia-Pacific Conference - Taipei 2017

Chou, Jen-Yu. （2019） Rules and Rulers: Lies, Truth, and the three kinds of connections in the consulting room. Taipei: Taiwan Psychoanalytic Association Scientific Meeting, 2019.12.20.

Covington, Coline （2017） Everyday Evils: A Psychoanalytic View of Evil and Morality. New York: Routledge.

Fairbairn, R. （1952） Psychoanalytic studies of the personality. London: Routledge.

Fei, Hsiao-Tung (1947) From the Soil: The Foundations of Chinese Society. Berkeley: U. of California Press, 1992. Translated from 《鄉土中國》 Shanghai: Guancha, 1948.

Fitzgerald, F. Scott (1925) The Great Gatsby. New York: Charles Scribner 's Sons.

Freud, Sigmund (1912) Recommendations to Physicians Practising Psycho-Analysis. SE XII: 109-120

Freud, Sigmund (1917) Introductory Lectures on Psycho-Analysis. SE XVI: 285

Kahlil Gibran (1923) The Prophet. New York: Alfred A. Knopf

Harrell, Stevan (2013) Orthodoxy, Resistance, and the Family in Chinese Art. In The Family Model in Chinese Art and Culture. (ed.) Jerome Silbergeld and Dora C. Y. Ching . Princeton: Princeton University Press, 2013

Laufer, Moses (1976) The Central Masturbation Fantasy, the Final Sexual Organization, and Adolescence. Psychoanal. St. Child, 31:297-316

Le Guin, Ursula (1968) The Wizard of Earthsea. New York: Houghton Mifflin Books.

Lo, Ming-Cheng M. (2002) Doctors within Borders – Profession, Ethnicity, and Modernity in Colonial Taiwan. Berkeley: University of California Press.

Luci, Monica (2017) Torture, Psychoanalysis and Human Rights. New York: Routledge.

Nietzsche, Friedrich (1889) Twilight of the Idols, or, How to philosophize with a hammer. Duncan Large (trans.) Oxford: Oxford University Press.

Nietzsche, Friedrich (1886) Beyond Good and Evil: Prelude to a Philosophy of the Future. translated by Judith Norman and edited by Rolf-Peter Horstmann, Cambridge: Cambridge University Press, 2002

Racker, Heinrich (1966) Ethics and Psycho-Analysis and the Psycho-Analysis of Ethics. Int. J. Psycho-Anal., 47:63-80

Sandler, Joseph (1976) Countertransference and Role-Responsiveness. Int. R. Psycho-Anal., 3:43-47

Sandler, Joseph (1993) On Communication from Patient to

Analyst: Not Everything is Projective Identification. Int. J. Psycho-Anal., 74:1097-1107

Winnicott, D.W. (1940) Discussion of war aims. In: Home is Where We Start From. 1986

Winnicott, D.W. (1945) Primitive Emotional Development. Int. J. Psycho-Anal., 26:137-143

Winnicott, D.W. (1949a) Close-up of Mother Feeding Baby. In: The Ordinary Devoted Mother and her Baby. London: C. A. Brock & Co., 1949

Winnicott, D.W. (1949b) World in Small Doses. In: The Ordinary Devoted Mother and her Baby. London: C. A. Brock & Co., 1949

Winnicott, D.W. (1949c) Mind and Its Relation to the Psyche-Soma. In Collected Papers: Through Paediatrics to Psycho-Analysis. London: Tavistock (Second edition, with preface by M. M. R. Khan, London: Hogarth and The Institute of Psycho-Analysis, 1975.)

Winnicott, D.W. (1949d) Birth Memories, Birth Trauma and Anxiety. In Collected Papers: Through Paediatrics to Psycho-Analysis. London: Tavistock (Second edition, with preface by M. M. R. Khan, London: Hogarth and The Institute of Psycho-Analysis, 1975.)

Winnicott, D.W. (1949e) Hate in the Counter-transference. Int. J. Psycho-Anal.: 30.

Winnicott, D.W. (1949f) The Baby As a Going Concern. In: The Ordinary Devoted Mother and her Baby. London: C. A. Brock & Co., 1949

Winnicott, D.W. (1950a) Some Thoughts on the Meaning of the Word ' Democracy. ' In Home is Where We Start From. 1986

Winnicott, D.W. (1950b) Aggression in relation to emotional development. In: Through Paediatrics to Psycho-Analysis. London: Tavistock, 1958

Winnicott, D.W. (1954) Metapsychological and clinical aspects of regression within the psychoanalytical set-up. In Collected Papers: Through Paediatrics to Psycho-Analysis. London: Tavistock, 1958 (Second edition, with preface by M. M. R. Khan, London: Hogarth and The Institute of Psycho-Analysis, 1975.)

Winnicott, D.W.  (1956)  Primary Maternal Preoccupation. In: Through Paediatrics to Psycho-Analysis. London: Tavistock, 1958.

Winnicott, D.W.  (1960)  Ego distortion in terms of true and false self. In: The Maturational Processes and the Facilitating Environment. London: Hogarth, 1965

Winnicott, D.W.  (1962)  The Theory of the Parent-Infant Relationship—Further Remarks1. Int. J. Psycho-Anal., 43:238-239

Winnicott, D.W.  (1967a)  D.W.W on D.W.W. In: Psychoanalytic Explorations. Cambridge, MA: Harvard University Press, 1989

Winnicott, D.W.  (1967b)  The Location of Cultural Experience. International Journal of Psycho-Analysis, 1967, 48.

Winnicott, D.W.  (1967c)  Concept of a Healthy Individual. In: John D. Sutherland  (Ed.) , Towards Community Mental Health. London: Tavistock, 1971.

Winnicott, D.W.  (1967d)  Preliminary notes for " Communication between infant and mother, and mother and infant, compared and contrasted". In: Babies and Their Mothers. Reading, MA: Addison-Wesley, 1987

Winnicott, D.W.  (1967e)  Playing: Creative Activity and the Search for the Self. In Playing and Reality. London: Tavistock. 1971.

Winnicott, D.W.  (1967f)  Mirror-role of Mother and Family in Child Development. In Playing and Reality. London: Tavistock. 1971.

Winnicott, D.W.  (1967g)  Delinquency as a Sign of Hope. In Home Is Where We Start From, ed. Clare Winnicott, Ray Shepherd, & Madeleine Davis. Harmondsworth: Penguin. 1986

Winnicott, D.W.  (1967h)  Concept of Clinical Regression Compared with That of Defence Organisation. In: Psychoanalytic Explorations. Cambridge, MA: Harvard University Press, 1989

Winnicott, D.W.  (1969)  Berlin Walls. In: Home Is Where We Start From. Harmondsworth: Penguin. 1986

張瑞成編輯；秦孝儀主編，《光復臺灣之籌劃與受降接收》中現代史史料叢編 第四集，台北：中國國民黨中央委員會黨史委員會出版，1990年6月。

黃得時，〈從台北帝國大學設立到國立台灣大學現況〉收入《台灣文獻》，26卷，1975年，頁229。

除了瘟疫，還有人性在挑戰！

# 邊界消失日，高牆聳立時

李俊毅

英國倫敦大學學院理論精神分析碩士
臺灣精神分析學會會員
現職高雄長庚醫院精神部/身心醫學科主治醫師
無境文化【生活】應用精神分析系列叢書策劃

以飛沫或是空氣作為媒介的高傳染性病毒特徵
是，人與人之間的距離愈近，關係愈緊密，接觸
愈頻繁，傳染性愈高，這是基本醫學常識，也是
醫院感控體系長期且持續性面臨的挑戰。可惜的
是，以WHO為首的全球公衛體系，即使匯聚專家
於一堂，但因為諸多因素干擾，這次防疫表現顯
然不堪一擊，令人失望，疫情至今依然在全球不
同區域延燒中。

　　這次的COVID-19疫情爆發，讓人想起十七年前，也就是2003年，SARS（Severe Acute Respiratory Syndrome, 嚴重急性呼吸道症候群）疫情爆發得又急又猛烈，除了台北和平醫院封院之外，台大醫院與高雄長庚醫院是台灣疫情最嚴重的兩個醫院，最嚴重時是處於半封院狀態，當時的恐懼遠非這次疫情可比擬。

　　SARS因為症狀與傳染途徑相對清楚，疫情大致局限於院內群聚感染，並未真正擴散到院外，屬於區域性爆發（epidemic outbreak），對於感控而言，即使嚴峻，相對不複雜，也較可控。不同的是，這次COVID-19症狀不具專一性，病毒來源不透明，加上特定政治因素干擾，使得感控不易，疫情演變成全球性爆發（pandemic outbreak）。

　　從歷史觀點而言，蘇珊・桑塔格（Susan Sontag）在《疾病的隱喻》書中將瘟疫視為一種隱喻，開宗明義提到兩種疾病，亦即結核病與癌症。她說被當作隱喻的疾病通常是神秘的、不被瞭解的，而且通常具有高度傳染性。其中，肺結核特有的纖弱、消瘦、憔悴的臨床表現，讓人們稱之為「文雅的病」或是「藝術家的病」，反而成為十九世紀的禮儀標誌，被美化為一種 romantic agony（浪漫痛苦），其中雪萊、濟慈、歐尼爾等大作家都曾經罹患過。作為隱喻的疾病，可以是天花、麻疹、流感、鼠疫、瘧疾、白喉、斑疹傷寒、霍亂、愛滋病等等，如今COVID-19當之無愧，可稱為二十一世紀的瘟疫典型代表。

Die Familie （1918） （Egon Schiele, 1890-1918）

　　人類歷史受到各種瘟疫的影響層面遠遠超過戰爭，這些災難卻又催生了人類文明，這是很殘酷的現實。遠如十四世紀的黑死病（鼠疫）奪走了2500萬人的生命，佔當時歐洲人口的三分之一。近如1918年爆發的西班牙大流感，造成全球4000萬至5000萬人死亡，科學家與歷史學家估計，當時全球約18億人口曾感染這個病毒，佔全球口的三分之一，這場災難促成全球公衛政策的進展。其中，佛洛伊德最疼愛的第五個女兒Sophie死於這場流感。此外，奧地利表現主義畫家艾貢席勒（Egon Schiele）也死於這場流感，得年28歲，當時六個月身孕的妻子，也於三天前因這場流感先於他離世。席勒即使病重，仍掙扎著畫了一幅

未竟畫作《家庭》（The Family, 1918），描繪即將被流感
摧毀的一家三口，被後世稱為這場流感的淒美見證。

　　西方文學史與瘟疫有關的著作不勝枚舉，內容多數談
的都是瘟疫影響的人性面。舉幾個耳熟能詳的代表性著作
或是電影：

1. 薄伽丘的《十日談》，背景是十四世紀黑死病疫情期
   間，描寫七位熟女與三位紳士為了躲避瘟疫而住進一棟
   郊區別墅，每人一天講一則故事集結而成，曾改編成電
   影《十日談·愛與慾》（Wondrous Boccaccio）。

2. 湯馬斯·曼的《魂斷威尼斯》（1912），描寫一
   位遭逢創作瓶頸的成名作家在渡假飯店，迷戀上一
   位美少男，不顧霍亂疫情逐漸惡化，堅持駐足而終
   於死於當地的故事，曾由大導演維斯康提改編成同
   名電影（1971），只是劇中作家換成音樂家。

3. 卡繆的《瘟疫》或是《鼠疫》（Plague, 1947），
   也曾改編為電影「The Plague」（1992）。

4. 馬奎斯的《愛在瘟疫蔓延時》（Love in the Time
   of Cholera, 1985），背景疫情是霍亂，亦曾經改編
   成同名電影（2007）。

5. 薩拉馬戈的《盲目》（1995）一書，描寫一種造成眼盲的病毒肆虐，曾經改編成電影《盲流感》（Blindness, 2008）。

6. 拉斯馮提爾（Lars von Trier）拍攝的影片《瘟疫》（Epidemic, 1987）。

其中，我特別要談著名導演拉斯馮提爾的《瘟疫》，這部風格怪異但發人深省的影片。這是一部以啟示錄視角拍攝的Dogme 95電影，寓含醫學與政治雙重隱喻。劇中的主角梅斯梅爾醫師是個熱血青年，眼見瘟疫蔓延，堅持申請離院到疫區行醫，被同事戲稱為「理想主義者」。梅斯梅爾醫師走遍疫區之後，頑固地躲入地下洞穴，等到他身邊所有人陸續發病死亡後，才察覺自己竟是疾病帶原者。梅斯梅爾在不知瘟疫傳染途徑之下，熱心行醫反而帶來更嚴重的災難。蔓延全世界的COVID-19不確定傳染來源與途徑，或是後來即使大約知道，同樣無法有效防堵疾病的擴散。於是，人們開始警覺到人禍與人性，也許才是瘟疫肆虐的最關鍵條件。

我引用一篇文章[56]，是來自台灣這次COVID-19疫情得到有效控制的核心人物之一，政務委員唐鳳（Audrey Tang）所寫：

---

56 唐鳳，〈千年暗室，一燈即明〉，https://www.facebook.com/notes/1721901814652611/

　　傳染病孕育於人類大規模群居生活。反諷的
是，瘟疫危害的不只是公眾健康，同時也摧毀社會
的基石，也就是信任。

Infectious diseases originate from the large-scale
group living of human beings; ironically, a pandemic
not only endangers public health but also destroys the
foundation of society – trust.

　　……

　　古早以來，對抗傳染性疾病的方法一直都是增
加人際距離：關閉國界、封鎖城市、停止集會等
等。不信任感增加似乎無可避免——某些群體甚至
急切歸咎疾病於其他群體——不管他們是否不同種
族、國籍、或是信仰。

Since ancient times, the way to fight infectious
diseases has been to increase interpersonal distances:
closing country borders, locking down cities, stopping
gatherings and so on. An increase in distrust seems
inevitable – and some groups are even eager to
blame the diseases on "others" – whether they are
of a different race, nationality, or belief.


　　唐鳳點出疫情蔓延的主要關鍵，除了疾病本身的傳染
力之外，其實人與人、國與國之間的關係，以及上述關係

因為疫情造成的變化，才是重要指標。

　　先不談這次COVID-19的起源來自哪裡，也不管它到底是自然演化或是人工合成，台灣這次可以如此相對安全，最重要的因素來自於對中國的不放心與不信任，以及因此衍生出來的警覺。這種因為詭譎的全球政治關係淬鍊出的偏執或甚至近乎妄想（paranoia）的社會人格，是台灣長久以來，在險惡國際現實下的存活之道，尤其是美蘇冷戰結束，全世界被捲進樂觀的全球化假象中，相對於中國趁勢崛起，台灣則急速被迫邊緣化。

　　更因為這幾年來，日益壯大的中國對於台灣執政當局明顯的敵意與惡意，逼迫台灣不得不保持制敵先機與防患未然的態度，目前為止，至少在防疫方面，這樣的策略證實是成功的。台灣是個受創之島，也因為長期被國際社會孤立，對內自戀自大，對外高度警戒，偏執成為一種強而有力的激情。

　　佛洛伊德在史瑞伯[57]的案例中談到，妄想作為康復所祭出的手段，即便它是一種病態。幾年之後，在〈論自戀〉這一篇文章中，他認為精神病的機轉理論化為「力比多（libido）從客體撤離回到自我後的狀態」。個案藉由建立妄想系統與透過投射機轉嘗試康復，或是尋回心理創傷後所失去的客體，而藉由幻覺經驗，試圖滿足或是實現潛抑到潛意識層面的願望。

---

[57] 參考《史瑞伯：妄想症案例的精神分析》，心靈工坊，2006。

佛洛伊德認為史瑞伯堅持世界末日來臨，是來自於他災難性內在心智狀態的投射，如同「一張貼片封住自我與外在世界關係的裂縫處」（〈Neurosis and Psychosis〉Freud, 1924, p.151），妄想在此處被定位為具有正向的修復功能。

人類文明的進展與科技的發展，縮短了人與人之間的距離，不管是現實世界還是虛擬世界皆然。人們藉由航空器自由穿梭於國際化的地球村，也藉由電腦網路科技即時互動，幾乎可以毫無阻礙而且即時滿足身體層面的欲求。當時間、距離、界線的藩籬全被打破，人們的心智層面逐漸習慣於沒有時間感、沒有距離感、沒有界限的狀態，這帶來的效應，展現佛洛伊德在〈論自戀〉一文說的，人們絕對不可能輕易放棄兒童時期的自戀性完美（narcissistic perfection），並且試圖在一種自我理想（ego ideal）的新型式中回復那份感覺。

人們對於自戀消逝的反應是，極盡所能重拾失去的自戀與全能自大（omnipotence），而這樣的發展形同鼓勵人類的心性發展循著退行（regression）的方向加速進行，也就是當人們盡情享受科技帶來的方便性時，心智狀態其實是返回並且固著在更原始的狀態，這呼應維根斯坦（Wittgenstein）說：世界絕對不是進步的，百年來，人類的精神越發墮落。

高度傳染性的COVID-19全球肆虐，具體凸顯人與人

之間喪失距離感與界限的後果，逼迫我們重新檢視現代社會的關係、距離、界線，到底出了什麼「量」的問題。假如我們將COVID-19這隻病毒，比擬為佛洛伊德本能理論中的力比多（libido）流動，或許從人們心智層面的演變，有助於探索COVID-19病毒為何輕易帶來的全球性災難與恐慌。簡單說，它的運作其實很接近診療室中，治療者與被治療者透過力比多作為媒介，傳達個別慾望的的情境。當彼此界線相對清楚，如同精神官能症，力比多是相對自制的；當界線相對模糊甚至消失，如同邊緣狀態，或是精神病狀態，力比多是失控而毫無限制的。

佛洛伊德的精神分析始於歇斯底里，討論的是伊底帕斯期的病態，直到1914年理論大轉折時提出的「自戀」（narcissism）概念，這時他才開始注意到自戀、憂鬱與邊緣議題，而這正是前伊底帕斯期的病態表徵。先歇斯底里後自戀，如此的理論發展順序，看來就像是一種形式的退行，佛洛伊德逐漸看到更原始的心性發展病態，我們當然也可以推測，假使朵拉[58]（Dora）有機會接受佛洛伊德更長期的分析，我們很可能更早見識到朵拉更原始的邊緣病態，也就是多年之後有人在紐約看到的朵拉的樣貌——邊緣崩潰（borderline breakdown），不必等到1910至1914年分析的「狼人」[59]（Wolfman）案例。

---

[58] 參考《朵拉：歇斯底里案例分析的片斷》，心靈工坊，2004。

[59] 參考《狼人：孩童期精神官能症案例的病史》，心靈工坊，2006。

歇斯底里與邊緣人格的關係，C. Bollas在他著名的
《Hysteria》（2000）一書中早有精闢的分析。診療室中，
力比多不斷穿梭於治療者與被治療者之間，以移情的包裝
維繫著忽遠又忽近的治療關係，既挑逗又禁忌，讓治療者
有機會在同一位個案的不同時期，分別看到歇斯底里與邊
緣特質，因為界線總是有可能瞬間潰堤，如同COVID-19
突破防線，災難馬上降臨並且肆虐。

　　這次疫情引發了許多前所未見的現象，包括醫療與非
醫療層面，後者才是我要討論的重點；我把重點擺在「界
線」（boundary）以及有關界線的議題，尤其是界線遭受
破壞之後的後果。人與人之間存在著一道若有似無的界
線，人們在這道無形的界線中井然有序地生活、工作，看
似祥和寧靜，波瀾不興，但是這道界線是人們藉由漫長的
文明化（文化層面）或是民主化（政治層面）歷程，緩慢
形塑而成的，而且很辛苦、小心翼翼地維繫著，因為它太
脆弱，太容易受影響，一如人的心性發展過程是艱辛而脆
弱，很容易因為些微外在挫折而急速倒退，回到更原始階
段。

　　隨著全球化的時代來臨，人際互動頻繁且緊密，人際
界線變得模糊，群體之間的界線也跟著逐漸弱化，而不確
定的界線讓病毒輕易且快速地蔓延全世界，形似網路病毒
造成全球電腦當機的景象，活生生出現在人們的現實生活
中。即使COVID-19在台灣直接或是間接造成的死亡人數

很少，但是造成整個社會政治經濟面的衝擊卻是又深又廣又久遠，最糟糕的局面可能還沒到來，漫無止境的疫情與隨時席捲重來的威脅像個沒有結局的故事（never-ending story），隨時有新的劇情（疫情）出現，這種不確定感造成的心理層面影響，像是鬼魅般靜悄悄地籠罩、蠶食著人心，並且反過來影響人們的行為。

我要講的重點大致有兩個。第一，高度傳染性的病毒如何破壞人與人之間，群體與群體之間的「關係」（relation）與「界線」（boundary），這也牽涉到有形無形的「距離」（distance）這個因子。第二，為了控制疫情蔓延所採取的檢疫措施與隔離策略，彷彿樹立一道高牆，對於個人與群體而言，隔離形同孤立，高牆內被孤立的人們心智狀態會有什麼變化？對外又是什麼態度？這些效應不但影響人們的現實生活，也出現在治療室內的某些特殊情境中。

人，永遠活在關係中，即使離群索居或是與世隔絕，依然被視為一種沒有客體的關係，但客體永遠是像影子般隱形存在著，可以是虛幻也可以具象。當年佛洛伊德一開始認為某些個案無法建立治療關係，因此無法接受精神分析，但是後來他發表〈論自戀〉一文，促成幾年之後結構理論的誕生，也就是我們熟知的自我（ego）、原我（id）、超我（superego），這使得後來的克萊茵（Klein）、溫尼考特（Winnicott）、鮑比（Bowlby）等

英國的客體關係學者視「關係」為理所當然，但是我們永遠無法得知「好的關係」是否必然可以解決我們的苦難。

　　治療室中，治療者與個案，總是不自主陷入各種不同的關係衝突中，既然是衝突，那一道治療界線永遠有被突破的可能，如同病毒必然想盡辦法突破重圍，並且席捲重來。人際之間如何保持距離是門藝術，太近或是太遠、太粘膩或是太疏離都會衍生出各自的問題。航空器的普及讓人們可以在短時間之內穿梭全世界，網路世界讓人與人之間的距離變得天涯若比鄰，地球村或是全球化讓距離變得很抽象，病毒更是徹底消滅距離的實質意義。即使口罩只是薄薄的一層，它卻改變（拉開）了人與人之間的距離，我們都可以想像這是心理防衛的具體化，治療室中如是，在疫情期間亦同。

　　去年，我在《精神分析與政治》工作坊中形容，當今這個世界是個「精神分裂的世界」（schizophrenic world）；今年，我稱現在這個世界是個「倒錯的世界」（perversive world）。我用「倒錯」（perversion）這個詞彙來形容，主要是為了凸顯這個世界關於人的心性的發展特徵，從精神分析的角度而言，其實是倒退嚕（backward），也就是「退行」（regression）到更原始的階段，這時自我與客體、母嬰尚未分化。在正常情況下，不管在現實生活或是在治療室中，人們小心翼翼地維繫著人與人之間的關係，戰戰兢

就保持著適當的距離。人與人之間的互動可以親密也可以疏離，這是一種彈性而具創意的互動模式，彼此總是可以知所節制地避免唐突越界，這些關係、距離、界線的性質，基本上都是一種無形的存在。然而，病毒的高傳染性卻輕易地將上述的情境極端粗暴地、極端侵入性地模糊化，猶如一條繩子將所有人無間隔、無差別地捆綁在一起，此時關係、距離、界線都喪失了意義，也就是呈現無關係、無距離、無界限的狀態，這時幻想與現實無可區分，整個世界於是退回倒錯（perversion）階段。

我必須概略說明精神分析對於「倒錯」的定義。Janine Chasseguet-Smirgel在*Creativity and Perversion*（1985）這本書中強調孩子成長過程中，必須在一段時間之後跟母親與父親分開，孩子與父母親的界線必須被清楚區隔開，亦即，有了性別差異與世代差異才會誕生現實感。然而，人總是不由自主想突破這些既有的限制，回復到最原初狀態，那就是與母嬰尚未分離的狀態，這時「倒錯」是一種巧妙的手段，用來突破既有的界線，並且搗亂或是摧毀現實，藉此建立新的社會或是政治現實。

對於佛洛伊德而言，倒錯並非後天形成，而是與生俱來，這正是他在《性學三論》中的基調。從心性發展層面而言，嬰兒好不容易承認母親不是她擁有的，也好不容易承認父親這個角色存在於他與母親之間，更是好不容易克服分離焦慮達成和解，然而，這些妥協或是防衛卻都可能

在一夕之間歸零，前功盡棄。

　　廣義來看，倒錯普遍存在於人們的精神層面中，而且人們總是隨時隨地受到它的誘惑。換言之，每個人心中都有一個普遍存在的「倒錯核心」（perverse core），在某些特定的情境中，它是可能被活化的。不幸的是，誘惑介入之處，必然攪亂發展程序的自然過程，也會留下廣泛與持久的影響，而全球化浪潮中，中國正是集所有誘惑於一身，藉由COVID-19這隻病毒扮演著類似審判者的角色，嚴正警告全世界，人們好不容易累積數個世紀的民主果實，毫無意外地難以抗拒極權的誘惑，而且是一夕崩解。

　　有人形容二十世紀是「邊緣社會」（borderline society），也有人形容二十一世紀是「自戀社會」（narcissistic society），不管如何，我認為不如更廣義地稱為「倒錯社會」（perversive society）更貼切。這些說法都在強調人與人的距離越來越近，界線越來越模糊，人際衝突加劇所造成的社會病態現象，而這隻病毒不但利用這樣的特質，輕而易舉跨界在全球散播開來，更回過頭來惡化原本就不穩定的人際關係。關於邊緣與自戀，容後探討。

　　身為一個精神分析取向臨床工作者，我嘗試從治療室外的巨觀角度與治療室內的微觀角度，兩個場景交替檢視關於界線這個議題。當我們談界線，我們真正談的是「關係」，沒有關係就不需要界線，有了界線，關係才會有意

義。在治療室中，個案帶進來的議題絕大多數是（親密）關係衝突，但是我們了解個案真正問題的途徑，卻是經由「移情關係」（transference relationship）。這是一種治療者與個案一起，共同創造出來的「錯覺」（illusion），治療者（必須）清楚知道移情關係的性質，但是個案不見得也沒義務這麼認為。佛洛伊德在〈移情之愛的觀察〉（Observations on Transference-Love）這篇文章提到一個現象：

> 我們無權去爭辯精神分析治療過程出現的戀愛狀態具有真愛的性質（Freud, SE12, P168）。
> We have no right to dispute that the state of being in love which makes its appearance in the course of analytic treatment has the character of a「genuine」love.

　　簡言之，治療室中的移情之愛帶有強烈的真愛性質，對於個案而言，他們不必區分也不會區分這兩者之間的差別，反倒治療者必須清楚區隔這兩者之間的異同，但是治療者必然做得到這一點嗎？事實上，治療室中的移情關係，遠比任何關係還要緊密，在這裡，個案願意講出來的，遠比治療室外跟其他人講出來的多太多，最主要的因素除了隱私之外，治療室中的治療界線

或是框架（frame）是一個關鍵，在這裡，所有的衝突被安全地涵容（contained）。

框架（frame）這個詞彙的概念來自藝術家的畫框（artist's frame），是精神分析師Marion Milner（1952）最先使用的一種隱喻（metaphor），因為這個架構的存在，讓以創造性錯覺形式存在的移情得以盡情發展，藉由這個錯覺，以及長久與治療師的工作，透過無數的移情詮釋，最終個案才有適應外在世界的可能性。治療界線或是架構一旦被模糊掉，治療者將無法區隔或甚至放棄區隔錯覺與事實，這時移情之愛等同於真愛，治療必然是一場災難。多數長期心理治療工作者也許慢慢認知到一個現實，那就是我們多數努力是在維繫一個無形的框架，一種抽象的界線，而這有賴於深思移情與反移情在診療室中的運作。

我要說的其實是，假如「愛」換成「恐懼」或是「危險」呢？在疫情爆發期間，人們生活在四面楚歌的恐懼中，「真正」的危險與「想像中」的危險是無法區辨、也無從區辨的，有如人人固著於妄想-分裂位置（paranoid-schizoid position）中，這時現實與幻想是無從區分的。為了存活，人們必須相信他們是生活在真實的危險中，必須有必要的、足夠的防備。

因此，我們戴上口罩、設立檢疫站、量體溫、勤洗手，保持社交距離（social distancing）、隔離（quarantine），邊境管制（border control）等等，然而，這些必要措施，

的確在人與人之間築起一道高牆，人與人之間因此變得偏執敵對，人性最原始的心理防衛機轉再度啟動、再度活化，這些都是死亡本能的一環，全都為了活命。

當病毒開始人傳人，加上致病機轉與途徑不明，每個人都成為潛在的帶原者，每個人也都處在可能隨時被感染的恐懼中，而恐懼的發生不必然是因為病毒實質存在，而是想像外在世界充滿了無所不在的病毒。

Seascapes by Hitoshi Sugimoto （杉本博司）

當界線消失了，時間變得沒有意義，在無限遠處，空間變成了時間，無限距離等同於無限時間，也就是「永恆」（timelessness），這樣的沒有時間性正是潛意識的主要特質之一。我想起杉本博司的《海景》（Seascapes），

在這個攝影專輯中，他展現了海的盡頭與天際的延續性與不可區隔性。我想說的是，當人與人的距離感消失，時間感跟著消失，生命與死亡無從分辨，幻想與現實也無可區隔。這時現實感消失，象徵化能力（symbolization）跟著瓦解，這讓人想起臨床上的邊緣（borderline）個案。

　　為何稱為「邊緣」或是betweenity（Judy Gammelgaard，丹麥精神分析學者）？顧名思義，它的精神病態跟界線有關。因為這些個案的臨床表現，總是在我們熟知的病症之間游移不定，他們沒有清楚或是整合的人格結構，他們總是無法拿捏人與人之間的界線。病毒的高度傳染性帶來的效應是，加劇人際關係的不可預測性與不穩定性，讓人們的心智狀態趨近於原初階段的邊緣個案。精神分析工作者熟悉的精神官能症，所表現出的較成熟的心理防衛機轉不常見於這些個案，相反的，他們多數時候使用的是比較原始的精神病式防衛機轉，這些機轉不經由潛抑（repression）這道繁瑣而矛盾的過程，而是直接投射（projection）或是投射認同（projective identification），使得自我與客體的衝突一觸即發，毫無緩衝空間。這樣的臨床困境正是當今精神分析實務工作者的夢魘，個案的族群已經進入borderline與non-borderline的區隔，多數邊緣個案涉及更早期更深層的失落與創傷，人格碎裂的程度更嚴重，治療難度更具挑戰性，針對精神官能症的理論與技術，或許是否無法負荷為數眾多的邊緣個案？

對於邊緣個案而言，不論內在世界與外在世界、意識與潛意識、幻想與現實之間，兩者之間是沒有界線的，處於未分化狀態。治療室中，邊緣個案與治療者之間像是母嬰尚未分離的自戀狀態，邊緣個案的想法就是治療者的想法，治療者的思考能力乃至於創作能力（creativity）被癱瘓。邊緣個案極少做白日夢（daydream），即使有，這些白日夢的特徵通常是刻板、強迫性、缺乏創意的幻想，因為他們的想像能力極度受限或是窄化，無法進化到Winnicott所言的「過渡空間」（transitional space）或是「潛能空間」（potential space），因此無法善用「過渡現象」（transitional phenomena）來緩和分離焦慮，邊緣狀態的自我不允許客體分離，猶如嬰兒不允許母親分離而緊抓不放，甚至無情攻擊，只因為嬰兒無法接受母親的缺席與不在場。COVID-19帶給人類生活上的困境，如同邊緣個案根深蒂固的矛盾：隔離高牆豎起時的「幽閉空間恐懼症」（claustrophobia）與隔離高牆打開之後的「懼曠症」（agoraphobia）。

Ernest Jones，這位被稱為佛洛伊德分身的英國精神分析學者強調「象徵性」（symbolism）是語言、藝術、信仰、科學的根基，他認為只有被潛抑的才被象徵化，只有被象徵化的才需要被潛抑。佛洛伊德在夢書中也認為象徵（symbol）是「靜默的」潛意識元素，以類比或是暗示的形式出現，目的是用來逃避自我的審查（censorship）。

在這裡，我的重點在於象徵化能力代表人格成熟度，當象徵化能力缺乏，等同於精神病狀態或是自戀狀態，人格通常是極端不成熟的。

　　自我強度薄弱的邊緣個案缺乏象徵化能力，也沒有潛抑能力，英國精神分析學者Hanna Segal稱之為「象徵等同」（symbolic equation）。邊緣個案這時處於「妄想-分裂位置」（paranoid-schizoid position），對他們而言，外在世界充滿各種危險，猶如四周環境充斥著致命的病毒，必須隨時武裝自己，保持戰備狀態，沈陷於「原始焦慮」（primary anxiety）或是「自動性焦慮」（automatic anxiety）氛圍中，這是一種與生俱來恐懼滅絕或是崩解的焦慮，尚未進化到比較成熟的「訊號焦慮」（signal anxiety）。

　　當隔離高牆豎起，人際與群體之間的關係產生巨大變化。從個人層面來談，隔離形同強制切斷自我與客體的聯繫，力比多自客體撤回自我，像是變形蟲偽足自客體身上縮回自我身上，大量力比多累積的結果，就是佛洛伊德說的「自戀」（narcissism）狀態，也是失去客體的哀悼（mourning）狀態。大量力比多讓自我保存本能（instinct of self-preservation）的利己性（egoism）發揮到極致，在疫情期間，自戀膨脹甚至全能自大（omnipotence）是非常重要的心理防衛機轉，彷彿是對抗病毒的最有效方法，這時每個人都像義和團穿上金鐘罩、鐵布衫，想像自己是刀

槍不入，美國總統川普早先拒絕戴口罩就是一絕。

　　然而，Hanna Segal告訴我們，全能自大在現實世界沒有正面的全能重建（omnipotent reconstruction），只有負面的全能毀滅（omnipotent destruction），它摧毀的是內在自我與外在世界，是一種死亡本能的極致表現。COVID-19的出現，並非偶然，一百年前佛洛伊德困惑於人類發動第一次世界大戰背後的死亡本能，一百年後全世界再度籠罩在COVID-19摧毀全人類的恐懼中，瘟疫的毀滅性一向遠比戰爭強大，殷鑑不遠，但是人們依然陷入強迫性重複循環中。

政治現實

# 合理與不合理——兼論台灣政治現狀

**李俊毅**

英國倫敦大學學院理論精神分析碩士
臺灣精神分析學會會員
現職高雄長庚醫院精神部/身心醫學科主治醫師
無境文化【生活】應用精神分析系列叢書策劃

政治重要嗎？政治在大大小小的群體中運作
著，假如你認為世界上存在一種「沒有政治」的
群體或是社會，這是自欺欺人、毫無現實感的空
想，簡直可視為妄想。換句話說，「政治零分」
或是「去政治」這類訴求，本質上就是最政治化
的口號。

　　精神分析與政治工作坊《現實那麼遠，瘋狂這麼近》2019年7月與10月分別在高雄與台北舉行兩個場次的演講，時值就任高雄市長不到一年的韓國瑜，夾著如日中天的氣勢投入總統選舉，見證近年席捲全球的民粹主義（populism）風潮，如川普主義（Trumpism）、英國脫歐（Brexit），如今大舉侵襲台灣政治圈，影響之速度、範圍與程度前所未有，這當然是起心動念規劃精神分析觀點談政治議題的初衷。

　　我以下面這一段文字作為台北場次的開場白：

　　「三個月前，我在高雄場次說：『歡迎來到這個離現實最遠、瘋狂最近的城市』；三個月後，我此刻正在台北場，很遺憾的是，我還是必須說：『歡迎來到這個離現實最遠、瘋狂最近的城市』。短短幾個月，源自於高雄的這一股政治潮流已經迅速向外擴張，如今台北也籠罩在這股詭異氛圍中；最令人憂心的是，再過三個月，我們會不會對全世界說：『歡迎來到這個離現實最遠、瘋狂最近的國家』？」

　　當然，寫下這篇文稿的此刻我們鬆了一口氣，因為2020年1月韓國瑜兵敗總統大選，隨即又在同年6月6日遭到罷免而卸下高雄市長職位，然而這些結果並沒有讓我們的憂慮消逝，這股民粹主義風潮，一如預期並未在選舉結束時劃下句點，它顯然已經深入人心，紮根民間，持續挑戰甚至主導台灣政治動向與演變。

以上的感慨僅僅是這篇文章的發想點，台灣長期面臨的內外發展困境才是核心課題，我期待以精神分析作為一種思考方式，試著來解讀台灣當今的某些政治現象，希望可以開展出一個有意義的對話空間。

Hanna Segal用「精神分裂的世界」（the world of the schizophrenic）來形容美蘇冷戰（1947-1991）與波斯灣戰爭（1990-1991）期間的全球政治情勢，如今蘇聯解體、冷戰結束（1991），距今大約30年了，不幸的是，她當年警告的「核子心智」（nuclear mentality）果真精神不死，如同變形蟲偽足盡責地為撤回的力比多（libido）找到一個新客體，亦即中國，讓死亡本能延續並且瀰漫全球。台灣，很大部分受制於這個新客體，在後改革（post-perestroika）時代沒能即時順利蛻變，反倒深陷於精神分裂般的魔咒中。

也許有人質疑，精神分析工作者標榜的「中立」（neutrality），在討論這樣的議題時如何自處？Hanna Segal（1997）要大家區辨什麼是「精神分析性中立」（psychoanalytical neutrality）？什麼是「道德性中立」（ethical neutrality）？前者是臨床工作者在診療室工作必須遵守的原則，執著於後者卻形同容許我們自己被閹割（neutered），試想，希特勒與受害者之間、蔣介石與受害者之間會有實質中立可言嗎？關於道德性中立，Hanna Segal提醒大家，診療室外，不同於僧侶般出世，精神分

析師必然有各自的客觀性，有資格、也有道德義務將可預
見的危險讓人們知道。

　　台灣政治氛圍如此對立，適合談政治嗎？對於個體而
言，對立形同「分裂」（splitting），而這是一種非常身
體性、非常原始的心智狀態，是如同嬰兒在語言發展出來
之前（preverbal）的溝通模式，也就是沒有語言溝通這回
事，沒有象徵化（symbolize）能力，沒有潛抑能力，無法
區辨現實與幻想，無法區辨相似性與相異性，人們在這個
階段不具備思考能力，或是說，人們退行到思考癱瘓的狀
態，這時原始本我衝動主導一切，這個現象在政治圈尤其
普遍。在台灣，因為某些特殊歷史情境，政治對立的情勢
特別極端，讓整體社會心智長久困頓，而囿限於這種思考
癱瘓的位置上。

　　特殊的地理位置讓台灣從大航海時代（15~17世紀）
以來的幾個世紀，處於陸續被不同海上強權殖民的狀態，
國族認同始終是個問題，是一個承襲各類歷史創傷的國
度。這些創傷不但規模龐大，而且具毀滅性，文化、語
言、歷史等等都處於滅絕的進行式中，以難以想像的速度
往某一個極端推移中，近乎全面失控，這正是台灣政治環
境的樣貌與縮影，尤其過去這一年來，演變速度之快、方
向之怪、幅度之大，真是讓人觸目驚心、瞠目結舌。台灣
經歷不同政權殖民式的統治，不同的當權者採取類似的高
壓統治手段，即使心態不一，日本時代如此，國民黨時代

亦然。我的焦點將放在國民黨政府來到台灣之後的特殊政經現象。

國民黨政府失去中國江山後選擇撤退來台灣，帶著無數失去家庭的軍民，開始治理長期處於被殖民狀態的台灣子民，亦即不管是統治階層或是被統治階層，不管是外來者或是在地者，都帶著不同嚴重程度的失落與創傷，兩造都可歸類為「受創群體」（traumatized group）。這樣的組合會激盪出什麼火花？語言、文化、族群差異以及政策上人為操弄的結果是社會被嚴重撕裂，內部瀰漫著難以言喻、無以名狀的恐懼與憎恨，形塑成一種佛洛姆（Erich Fromm）講的特殊社會性格（social character），這時整體社會定錨於克萊恩所說的很原始的「妄想-分裂位置」（paranoid-schizoid position）氛圍，這個位置充滿著敵意、衝動、恐懼與情緒化，彼此長期對峙，互不信賴，這些元素不但內化，而且外顯在人們的日常生活中。

佛洛伊德藉由史瑞伯（Schreber）案例，說明建立妄想系統與透過投射機轉，嘗試修復受創的心靈，或是尋回心理創傷後所失去的客體，此外，史瑞伯也藉由幻覺經驗，試圖滿足或是實現潛意識中被潛抑的願望。換言之，形成妄想（delusional formation）是個案試圖康復或是重建毀損的內在世界的手段；個案必須在現實世界找到一個真正的迫害者，以滿足內在渴望的妄想需求，這原本應該局限在心理層面，但是假使現實層面或是外在世界，真

有這樣的敵人或是迫害者存在呢？

1973年西奈半島會談中，當時的以色列總理Golda Meir拒絕季辛吉要求以色列軍隊撤軍，季辛吉因此痛罵她偏執或是妄想（paranoid），據說她的回答是：「即使妄想者都有敵人。」（Even Paranoids Have Enemies.），這句話真正的意思是「即使妄想者都有『真實』的敵人。」因為，對於以色列而言，敵人確實無所不在，絕不是想像出來的！台灣眼前的政經局勢不但跟以色列非常類似，恐怕還更險惡，但是兩者的反應卻完全不一樣，孰令致之？我一直認為，這必須回歸分析台灣內部族群矛盾，以及因應國際情勢所產生的無意識認同（identification）效應。

秘魯電影《懼乳：傷心的奶水》（The Milk of Sorrow, 2008），18歲的女主角法斯塔因強烈恐懼被性侵而將馬鈴薯塞在陰道內，一方面是防止強暴事件的發生，另一方面卻更可能是源於內在世界的行動化。法斯塔成長的年代已經不是母親當年的亂世，早已不存在這種危險，為何她始終維持這樣的恐懼心態？原來這樣的恐懼傳承自早年內戰期間被左翼共產黨《光明之路》軍人強暴的母親，而母親當時肚子裡正懷著她，透過潛意識認同作用，移植到與母親長期共生的法斯塔心中。亦即，上一代的現實恐懼成為法斯塔的內在恐懼，現實與幻想的界線被模糊掉了，內在恐懼與現實恐懼變得毫無區別。

佛洛伊德在《群體心理學與自我分析》（1921）中明

白表示，「認同」（identification）是人們最原始、屬於口腔期的心理防衛機轉，是最早期與另一個人之間情感聯繫的方式。對於成熟的人們而言，「認同」是在遭逢無法跨越的困境才會動用的，或是當人們因為某些原因不願意、或是無法接受失去客體這個事實，才會無意識地訴諸這個極端退行的手段。因此，當「認同」成為個別或是群體彼此的主要、甚至是唯一的情感聯繫手段時，問題就大了，這會帶來極度險惡的人際或是社會分裂危機。我這裡指的「認同」主要是佛洛伊德說的「自戀性認同」（narcissistic identification），而非較成熟的「歇斯底里性認同」（hysterical identification），前者屬於原始的精神病態範疇，後者則是較進化的精神官能症範疇。

佛洛伊德拿宗教來說明認同的力量。他認為即使宗教是一個以愛為名的團體，但這份愛卻很難擴及不同信仰的族群。基本上，每個宗教都是如此，都只愛信奉它的人；對於不屬於同樣信仰的人，通常是無法容忍而且極度殘暴的，幾個世紀前的宗教戰爭殷鑑不遠。如今，無法容忍不同信仰或是理念的外來者，最鮮明的例子就是社會主義運動，瑞士精神分析學者Quinodoz直言，這就是當今世界面臨的的共產主義與法西斯主義威脅擴張的危機所在。

我個人一向認為台灣最大的危機不在於省籍問題，而在於認同問題。國家定位模糊，整體發展自然出現一道屏障，跨越不了便陷入僵局，最終產生「認同攻擊者」

（identification with the aggressor）的倒錯現象。當認同主
導一切，國家整體心智活動處於反思考（anti-thinking）模
式，不思考就是反智，當理性全面潰散，所有行動都是
極端嗜血殘暴的，特別是當維持社會正義的司法體系也
淪陷時，或是根本不曾正常運作過，國家迫切的危機就
逼近了。

　　對於認同危機，我的基本假設是：台灣社會整體的創
傷從來沒有機會好好進行「哀悼」（mourning）程序，長
期處於哀悼未完成的狀態，讓整體社會陷入長期憂鬱狀態
中。正常情況下，人一輩子不斷在哀悼，因為我們不斷經
歷各種不同種類、不同程度的失落。假如哀悼過程順利，
我們很快就會回歸正常生活；假如透過特定人為操作，堅
持不接受「失落」這個事實，強迫我們維持在失去的客體
不曾遠離的錯覺中，那麼我們將會進入一種「病態哀悼」
（pathological mourning）中，也就是「憂鬱」狀態，佛洛
伊德稱之為melancholia，現在稱為depression。在憂鬱狀
態，時間被永遠凍結在當下，無法前進，形同死亡狀態。
作為臨床工作者，我們有機會看到許許多多個案陷入憂鬱
狀態後，心性發展受阻甚至退行，自虐性地將自己困在無
盡的傷痛當中。

　　這樣的行為模式如何在群體中發酵？我先從個人談
起，再談群體，最後談到群體領導者。接下來的內容一開
始偏重理論，接下來才會進入主要的重點：政治群體。

　　John Steiner，這是一位資深的克萊恩學派分析學者，他提出一個「精神庇護」（psychic retreat）的概念，這個心智狀態提供個案一個相對平和、安全與保護性的區域，用來對抗令人厭惡而痛苦的現實，在這裡可以避開沈重的現實負擔與難以承受的壓力。個案「短暫」退縮到這個情境並不難理解，但是假如個案很習慣性、過度、隨意、無差別性地進入這樣的狀態，而且深陷其中無法自拔，就會形成一種病態人格組織，在這裡建立起獨特的幻想客體關係（fantasized object relation），這不但可以滿足自戀需求，也可以滿足受虐需求，當個案習慣、依賴、甚至成癮於這個狀態，基本上是無法或是很難動搖的。精神庇護作為一處特殊的心智區域，不必正視現實，幻想與全能感（omnipotence）被容許存在而不必接受檢驗，任何事情都被無條件允許，這是一種接近妄想的錯覺狀態。

　　診療室中，當個案進入精神庇護狀態時，他與治療者之間以一種表面、虛偽的關係緊緊維繫住，這是一種「假性」接觸。精神庇護背後有一套嚴密的防衛機轉運作著，像是一種防護盔甲或是藏匿處，不論如何絕不碰觸現實；我們偶而可以觀察到個案小心翼翼地現身，如同蝸牛從甲殼中探頭出來，隨即又退縮回去，只因為與現實接觸帶來無法忍受的痛苦與焦慮。精神庇護中的個案與現實的關係是：既不全然接受，也不全然否認（disavowed）；或說是一方面接受，卻又同時否認的狀態，接近佛洛伊德晚年

（1938）講的「自我分裂」（ego splitting）概念，亦即，滿足本能需求的同時，也尊重現實的禁制，這可用來解釋戀物癖（fetishism）是一種倒錯現象（perversion）。

　　個體為了存活，這裡指的是「精神存活」（psychic survival），必須說服自己安於這個不成熟的心智階段，一開始是無法往前發展，後來變成「沒有必要」往前發展，讓自己沈浸在一種假性發展成熟的錯覺中。久而久之，個案將這個錯覺狀態視為理所當然，遺忘了原本該追求的理想，結果錯覺取代現實，倒錯現象於是形成，整個世界被顛倒過來了，而其核心就是精神病狀態（psychotic state），接下來可能進入另一種極端，那就是完全脫離現實，這時「躁狂防衛」（manic defense）啟動，這種機轉讓受創者完全無視於外在現實的痛苦，耽溺於滿足內在享樂需求，這其實類似精神醫學講的躁症（mania），在精神科藥物未發展出來之前，躁症就是憂鬱症最好的處方。

　　佛洛伊德在1905年《性學三論》一文探討成人性變態的問題，他發現這些變態行為，在孩童心性發展過程中普遍存在，因此，他認為成人的性變態行為，源自於孩童心性發展過程，受到嚴重而無法克服的阻礙或是挫折，於是停滯/固著在某個早期階段，也就是所謂的「前生殖期」（pregenital stage），這種情境假如持續進入成人時期就變成變態行為，我們稱之為「倒錯」。對於佛洛伊德而言，性倒錯並非後天形成，而是與生俱來的，是心性發展

過程的過渡產物；真正問題不在於為何會變成性倒錯，而在於如何變為正常（sexually normal），可見維持倒錯狀態，或是接受誘惑而退行到倒錯狀態，是相對容易的。

「倒錯」這個現象，基本上源自一種無法逆轉的重大挫折或是創傷，當人們困頓於窮途末路時，自然會窮則變，變則通，絕處逢生，佛洛伊德稱之為「巧妙的解決方式」（ingenious solution）。從心性發展而言，接受母親誘惑的結果，就是維持兩個人的關係，不再需要演化與成長，不必進入伊底帕斯期的三人階段，父親被硬生生排除在外；假如伊底帕斯情結是所有人必須經歷的心智發展階段，父親象徵的就是現實（reality），父親讓個案維持在沒有失去現實感狀態，沒了父親，表示脫離現實，進入倒錯狀態，而倒錯硬生生翻轉了伊底帕斯情結這個普世法則。

母親與嬰兒只有在第三者在場時才能生存，而這第三者正是父親扮演的角色，父親的存在確保母嬰關係良性地維持著，也鼓勵母嬰關係健康地分離。不需要父親是一種錯覺，是一種抄短路的投機行為，形同造假（falsehood）行徑，這種人被稱為騙子（impostor），如何維持錯覺或是如何遠離現實比什麼都重要，因此他總是忙於杜撰與捏造，經常藉由理想化客體來鞏固賴以維生的錯覺。這種理想化多數是人為操作的，是扭曲現實的一種手法，它往往合併分裂與投射機轉，是一種高危險行徑，因為理想化一個人或是群體，必然以貶抑另一個人或是群體為代價。

　　法國精神分析學者Janine Chasseguet-Smirgel（1985）
認為人人都有個潛伏的倒錯核心（perverse core），時時
刻刻等待著被活化的機會出現，亦即誘惑無所不在，誘
惑我們回到謊言與錯覺的世界，誘惑我們相信前生殖期
（pregenital stage）的慾望與滿足等同於、甚至優於生殖
期（genital stage），這樣的誘惑活躍於挫折或是困境中。
一旦接受或是認同了這個誘惑，現實與幻想之間的界線被
搗毀，一個新的社會與政治現實誕生，基本上就是一種精
神病狀態。

　　不幸的是，台灣整體社會長期處於思考倒錯（perverse
thought）、嚴重脫離現實的狀態，這個現象早已滲透到各
種國家組織，司法、教育、學術、媒體充斥著反智主義
（anti-intellectualism）思潮，這是台灣長期陷入發展困
境或是僵局的重要因素之一。Janine Chasseguet-
Smirgel（1985）說：「思考就是有能力思考差異性。」也
就是有能力思考現實與幻想的差異——幻想世界並沒有差
異性這回事。她認為對於倒錯者而言，思考就是敵人
（Thinking: that is the enemy），思考是不被容忍的。診療
室內，當分析師的思考能力被摧毀，治療界線跟著消失，
治療工作維持在毫無進展的空轉狀態，有如象徵治療成果
的胎兒流產了。診療室外，人們對於事情的判斷總是不考
慮為何或是如何，忽略甚至排除歷史脈絡，如此線性思考
模式通常是很暴力的，是一種不折不扣的思考倒錯。

　　2012年辭世的法國精神分析學者André Green在一篇訪問稿說，精神分析基本上是一種思考方式，他特別強調「應用精神分析」（applied psychoanalysis）的重要性，他認為太強調診療室中的治療或是療效是個災難，因為那往往過度簡化所有問題，他認為精神分析的豐富性在於可以延伸到治療範疇之外的領域，是非常生活化的。

　　Janine Chasseguet-Smirgel在《創意與倒錯》（Creativity and Perversion, 1985）一書中提到，人類歷史告訴我們，國家重大社會與政治動盪不安發生前後，例如羅馬帝國崩潰前夕，倒錯行為特別明顯，並且合併道德與文化大規模而且快速傾頹。納粹奪取政權前後，許多放蕩詭異的變態行為普遍存在，大家可以看看《狂愛》（原名：午夜守門人）（The Night Porter, 1974）這部電影，這也是2019年台北電影節的影片之一。維斯康堤（Luchino Visconti）的《納粹狂魔》（The Damned, 1969）、貝托魯奇的《同流者》（The Conformist, 1970）是另外兩部經典影片，社會現象就是內在世界對外的投射。

　　佛洛伊德在《文明及其不滿》（1931）一文中指出，合作的群體不但共同對抗自然力量，同時也對抗心理危機，主要在約束一個人對抗另一個人的破壞性。在一個群體中，只要存在共同憎恨的外來者，我們就可以愛另一個人，這像不像伊底帕斯情結中的愛與恨？有許多學者在思考群體行為時，認為群體約束與涵容了群體內，個別成員

的精神病態幻想、焦慮、以及防衛；這些症狀若出現在個人，既無法被接受，也無法被忍受，唯有群體有能力涵容這些內在的衝突，以及因為衝突產生的罪惡感，並且輕易投射到外部的另一個群體，作為解決之道。試想，當所有個人嚴厲而殘暴的「超我」（superego）總匯於群體，讓群體承載這麼多病態元素，原本個人無法承受的恐懼與衝動，就可以藉由群體毫無罪疚感地投射於外在群體，最嚴重的後果就是泯滅人性的種族屠殺（genocide）。

佛洛伊德早在1921年的《群體心理學與自我的分析》文中，嘗試將躺椅上分析個人的成果，應用到群體心理學領域，他舉的例子雖然是小群體，包括教會與軍隊，但何嘗不可延伸到大群體，譬如國家、甚至國際關係。佛洛伊德之後，Wilfred Bion, Otto Kernberg, Didier Anzieu, Hanna Segal, Caroline Garland等等學者也將診療室中得到的見解，應用到解讀諸多群體與社會現象。

Hanna Segal當年就嚴厲抨擊，國際精神分析學會（IPA）作為一個精神分析師組成的實質組織，並未對當時國家社會主義（National Socialism）提出嚴正的批判，遑論對當時的納粹現象提出警告。後來她與Moses Laufer在英國精神分析學會底下，成立一個政治性團體PPNW（Psychoanalysts for the Prevention of Nuclear War, 1983），從學術角度對於核武進行嚴厲抨擊與監督。又如Vamik Volkan，美籍土耳其裔精神分析學者，也是精神科醫師，

離開診療室工作後專職於國際關係衝突的研究，著作等身，如 *Blind Trust: Large Groups and Their Leaders in Times of Crisis and Terror* 等等。

英國精神分析學者Caroline Garland基於她在Tavistock Clinic與受創群體（traumatized group）的工作經驗，將受創群體區分為「災難群體」（Adversity Group）與「特定群體」（Given Group）。「災難群體」特徵是群體成員原來並無共識，是某個創傷事件的發生，讓所有人為了存活而組織起來，群體成員有共同的不幸與痛苦，卻無法被外部群體理解，迫害與毀滅的焦慮因此投射到外部群體，同時鞏固群體內部的凝聚力，齊心對抗外在威脅。這類群體本身成為一個治療性容器（therapeutic container），吸納成員投射的所有的精神病態元素，包括憎恨、衝動、憤怒等等，這些是個人無法單獨承受的。

「特定群體」則是在創傷事件發生前，就因某項特定任務結合在一起，創傷事件發生之後危機迫近，內部某個次群體得勢掌權，產生一個新的領導人與新的策略來完成任務，原來的領導人被另一個人取代並且被咎責。然而，以國民黨為例，它是一個複雜而且異質性強的政治群體，成員包括核心成員與追隨者，當年國共內戰節節敗退而撤離到台灣。失去中國江山是一個巨大的創傷，這樣的群體特質比較接近「特定群體」的概念，但不全然是，因為蔣介石當年並未因此而下台，而是以帶罪之身將群體使命提

升為更偉大、更崇高的光復中國故土、復興中華文化等等，如今看來根本悖離現實、根本無法達成的神話，把自己位階提升為至高無上、無可取代的彌賽亞、救世主。如此神格化的位階，不但免除岌岌可危的內部分裂，更可以擺脫所有政治責任，我稱之為「變種特定群體」（Mutant Given Group）。

Bion對於群體退行現象，提出「基本假設群體」（basic assumption group）這個概念。相對於現實導向的「工作群體」（work group），基本假設群體充滿了精神病態元素，它的運作是相當退行性的，結合原始衝動、幻想與防衛，心智狀態處於妄想-分裂位置（paranoid-schizoid position），這些混亂元素對於群體，反而有助於凝聚向心力。我接下來列舉三種基本假設群體，同時結合Kernberg的群體概念一起闡述。

在「依賴型」（dependent）基本假設群體中，群眾依賴一個無所不能、無所不知的領導人身上，得到安全感與庇護。領導人若是無法符合群眾的期待，則會被貶抑、被唾棄，然後被另一個新的領導人取而代之。Kernberg形容這樣的過程為「自戀性退行」（narcissistic regression）。

在「戰或逃」（fight or flight）基本假設群體中，群眾一致集體攻擊，或是一致集體逃離某個人或是某件事。這樣的群體氛圍顯得高度警戒與緊張，很反射性地在外部

尋找共同敵人，萬一找不到共同敵人，群體會分裂成內群體（in-group）與外群體（out-group），然後相互攻擊，結果若不是碎裂成更多次群體，就是重新找到外在共同敵人而再次團結。這類群體通常發展出一個特殊意識形態，並且挑選一個具有偏執妄想人格的領導人，這過程Kernberg稱之為「妄想性退行」（paranoid regression）。

在「配對」（pairing）基本假設群體中，兩個人，或是一對，被挑選為領導人，被期待帶領整個群體創造美好的未來，以及拯救群體的認同危機；三個基本假設群體中，唯獨它的心智狀態成熟到生殖期或是伊底帕斯期。這樣的群體瀰漫著彌賽亞式救贖，領導者被視為天縱英明，被奉為不世出的天才，這促進群體的凝聚力，群眾之間彼此滿足所需，並且避免退行到上面所述，依賴型與戰或逃基本假設群體，後兩者的心智狀態只維持在「前伊底帕斯期」。

蔣介石的追隨者被賦予比原本更神聖的任務，而「凍結」在一起，基本上就是不被允許哀悼失落的狀態，一部分是外在現實不利於哀悼的進行，或是自我受到外力控制而無感於失落，跳過必須面對現實的憂鬱位置（depressive position），躁狂防衛機制（manic defense）因此啟動，將群體牢牢固著在狂喜（ecstasy）狀態，是一種遠離現實的倒錯現象，整個群體陷入Didier Anzieu所謂的「群體錯覺」（group illusion），以減緩群眾的的自戀傷害。

Didier Anzieu將群體類比為一場夢境，對於群體成員來說，群體猶如失去之客體的替代物，失去的客體或是孩童自戀（infantile narcissism）都可以在群體中，以一種幻覺的方式重現。

　　佛洛伊德《論自戀》（1914）中的一段話：「……他不願意放棄兒童期的自戀性完美（narcissistic perfection）；隨著自己的成長，當受到別人的訓誡與自我嚴屬批判的覺醒之干擾，而不再保有那份完美時，他試圖在一種『自我理想』（ego ideal）的新型式中回復那份感覺。他所投射出去到他前面作為他的理想者，就是他在兒童期失去之自戀的替代品，當時他就是他自己的理想。」重要的是，多數人窮其一生不放棄「成為自己的理想」這個願望。自我理想是原發自戀的繼承者，它代表人們重拾全能自大的嘗試，它強化錯覺，遠離現實。這樣的定義必須與超我（superego）做出區隔。

　　力比多會如同變形蟲偽足一樣，自行尋找合適的客體，將客體被擺在自我理想的位置，也因此客體很容易被理想化（idealization）。佛洛伊德在《論自戀》（1914）文中很清楚區辨「理想化」與「昇華」（sublimation）兩種概念，前者的客體被誇大與擢升，但是本質絲毫未改變，是一種過度性化客體的過程；後者則是客體力比多本能的提升，是一種去性化客體的過程。哪一種方式成熟？不言可喻。2019年7月衛武營國家藝術文化中心，上演台

灣旅奧編舞家林美虹《新娘妝》這齣戲，改編自李昂的短篇小說《彩妝血祭》，是關於228事件，關於轉型正義，關於性別認同，也是關於人性的戲劇，藉由表達藝術表達並且試圖撫慰社會傷痛，這是一種昇華的具體表現。

「自我理想」代表逝去的原初自戀，既然已經逝去，只能追尋，只能追憶，嘗試尋回失去的全能自大（omnipotence），也就是重新塑造一種錯覺，欺騙自己可以達到原來的完美境界，而這在現實世界無法真正達到的，除非進入躁症狀態或是精神病狀態，亦即自我理想與自我融合才會彷彿回復當年的全能自大，以符合原我（id）需要的享樂原則，本質上就是一種退行的倒錯現象。換言之，如同Janine Chasseguet-Smirgel所言，當自我（ego）與理想（ideal）相遇，結果卻溶解了超我（superego），或是Alexander（1938）分析的一位酒癮醫生個案戲言：「超我是人格特質中，可溶於酒精的那一部分。」

關於自我理想，容我藉用德希達（Jacques Derrida）關於「民主永遠無法真正到來」概念中的「將臨」（à-venir）（to come），來詮釋自我理想的真正意涵。對德希達來說，「將臨」是永遠不可能到來，是不可預知的，因為它一旦到來了，就沒有想像空間，也沒追尋動機了。自我理想也是如此，它是逝去榮光的投影，永遠無法真正尋回，但是我們卻要持續保持重拾它的動力；一旦有人聲稱他已經融合自我理想與自我，那便是一種倒錯行

徑，因為他得到的，絕對不會是當初失去的——自我理想的真髓是它的「不可得」，而不是「可得」。兩度獲得法國龔固爾文學獎的Romain　Gary（1914-1980）在他的自傳式作品《我答應》（改編成電影《黎明的承諾》，2018）舉了童年吃西瓜的慾望未被滿足為例，他說往後再怎麼盡情地享用這個他最鍾愛的水果，卻完全無法取代八歲時渴望卻無法吃到的那些西瓜。

精神分析工作本質是，個案在診療室中對著治療師訴說著他們的遭遇，但是個案後來講的總是不同於前面講過的。個案訴說的永遠是另一個故事，從來不是單純的重複某一段歷史。即便移情關係中的退行（regression）現象，是個案強迫性重複（repetition　compulsion）的必然結果，是一種懷舊（nostalgia），精神分析工作實質上卻是不斷往前行進的。

在群體中，個體拋棄他的自我理想，由群體理想取而代之，領導者因此承載著群眾自戀投射到群體的理想總和，形成一個「自戀型領導者」（narcissistic　leader），這時，群眾的心智處在Joyce　McDougall（1920~2011）說的「集體智能降低」（collective　lowering　of　intellectual　ability）的狀態。群體渴望的其實不是領導者本身，而是他背負的群體理想化身的錯覺，領導者只不過是維持錯覺的人，他的任務是讓群眾遠離現實、遠離痛苦，畢竟自戀的敵人就是象徵客體的現實。自戀型領導者總是被理想化

的，最終經常被證實或戲稱是「騙子」（Cagliostro）。

自戀型人格不具同理心（Kernberg, 1998），當他們佔據領導位置時會變得極具破壞性，一旦沒有獲得預期中，來自於外界的肯定或是遭遇挫折或是失敗時，很容易發展出偏執或是被迫害心態，而不是常見的憂鬱與挫敗感。當病態自戀者嚮往領導者位置，多數是視它為獲得同儕與外界讚美與自戀滿足的泉源，而非因為機構賦予他的特殊任務。Kernberg認為所有的領導者人格病態中，危害組織機構最嚴重的大概就是自戀型人格。

自戀型領導者經常是Rosenfeld（1964）講的「厚皮型自戀者」（thick-skinned narcissist），對於這樣的人而言，讓「被理想化的自我」（idealized self）存活下來是最重要的，但是自戀型領導者的自我，沒有因為被理想化而改變，它依然空虛自卑，必須想盡辦法不被看穿、無法被理解，維持一種優越感。為了維繫自身脆弱不堪、吹彈即破的自戀性錯覺，他必須摧毀（想像中）具有威脅性的外在客體，這正是André Green所言的「去客體化」（disobjectalization），是一種隱含強烈死亡驅力的「負向自戀」（negative narcissism），也如同比昂的 Attacks on Linking 與拉岡的 Foreclosure。

過多的政治算計在群體中通常讓人無法忍受，但是政治性群體除外，因為在此除了政治還是政治，沒有其他了（Hanna Segal, 1997）。群體選擇一個符合它本身定位的

領導者，被精神病態機轉主導的群體，不但傾向於選擇或者容忍象徵（或是重現）其病態的領導者，更重要的是，這個病態群體基本上也強力影響著領導者，驅使他更加狂妄自大。Kernberg認為，領導者角色可能被淹沒或是稀釋在群體的退行中，亦即領導者實際上是群體氛圍的俘虜，或是說群體利用領導者的人格特質，實現它自己的目標。集大量力比多於自己身上的領導者，會不會終究反而受到群體的反噬呢？果真如此，到底是誰控制誰呢？一個混亂群體與一個混亂的領導者之間的互動，是極端危險的，因為這會強化彼此的精神病態，這個現象在過去一年的台灣看得相當清楚。

徐四金（Patrick Süskind）經典著作《香水》中的主角葛奴乙，最後選擇回到世間最惡臭的出生地，將香水全部淋在身上，瞬間吸引周遭人群蜂擁而至，當人群逐漸散去，葛奴乙彷彿人間蒸發，徹底消失。葛奴乙的香水挑起的其實是人性最原始的、也是最黑暗的本能或是驅力，包含性、衝動、攻擊、毀滅等等。這些經過文明洗禮而潛抑的原始本能，如此輕易地在某種觸媒策動下被誘發，而迅速退行回到孩童時期，原來千辛萬苦雕琢出來的文明，如此不堪一擊，它絕對沒有大家想像中穩固牢靠。太多的力比多是誘惑，足以誘惑周遭所有隱性認同者現身；太多的力比多也是危機，足以毀滅自己以及周遭所有人。葛奴乙殷鑑在前，但總是有一群人選擇視而不見。Hanna Segal

（1997）提醒我們，在幻想中，我們只消按下一個按鈕，就能隨心所欲地毀滅抑或重建這個世界，然而，在現實中，我們只能毀滅這個世界，卻無法瞬間重建被毀滅的世界。在現實世界中，全能自大感絕對是負面的威脅，沒有正向的重建功能。這本書出版之際，正值COVID-19疫情禍延全世界，造成幾百萬人死亡的悲劇，中國取代了蘇聯，直接行動化當年美蘇核武競賽、毀滅世界的危機。

在傳遞訊息越來越快速的網路媒體世代中，時間感或是現實感萎縮，甚至消失了，內外在需求與慾望可以即時被滿足，使得人們的心智狀態迅速退回，並且凍結在原始的享樂原則階段，這幾乎等同於本我（id）的運作模式，使得現實與幻想界線模糊化，事實與虛構並存，假消息（fake news）與刻意散佈錯誤訊息（disinformation）的時代正式來臨；這個趨勢變相助長，寄生在民主制度缺陷中的民粹主義風行草偃，操作激烈卻不違法的手段或是意識形態來挑動仇恨與不滿，而意識形態的重點並不在事實與否，而是相信與否，並且合理化人性中的衝動、攻擊、破壞等暗黑元素的擴散，同時掩護挑起暗黑人性面卻毫無實質內涵的病態自戀型人格者，站上政治舞台巔峰，這正是過去一陣子以來令人憂心台灣的政治現況。

最後，我又想到了Hanna Segal，這位在2011年辭世的克萊恩學派精神分析學者語重心長地告訴我們：「不記得歷史的人必定會重蹈覆徹，但是面對歷史又讓我們暴露在

最無法承受的現實中。」人的心智是很容易受到精神病態焦慮或是原始需求動搖，如今借殼還魂的法西斯/極權主義正全力封鎖民主多元聲音的管道，強勢引領人們的心智進入極端狹隘與僵化的觀點，這是著名的英國精神分析學者Christopher　Bollas在談論民主心智（The　Democratic Mind, 2018）時的告誡。希望這次台灣聽進去了。

除了瘟疫，還有人性在挑戰！

言論自由與寒蟬效應之間

# 在心理世界打拚經濟的迌迌人

**彭奇章**

若有光心理治療所臨床心理師
臺灣精神分析學會會員

臺灣民間習慣用「迌迌人」[1]描述一些還在迷茫人生方向而遊戲人間的年輕人。常聽聞的故事型態是，迌迌人的家人總是苦口婆心地勸告、引導他們老老實實過生活，但屢屢感受到，對方將自己的話當成耳邊風而費心挫折。等到多年後的某個時間點，迌迌人像是突然明白了什麼，而開始聽從家人的勸告，回到社會常軌來生活，此時家人的心中會有一聲感嘆地說著，你總算「甘願」了。或許每一位用心和立場對立一方溝通的人們，始終都在面對類似的心境，而雙方在彼此眼中也都是那位迌迌人，等待這些煎熬終有一天能帶來「甘願」。

---

[1] 迌（ㄑㄧ）迌（ㄊㄜˊ）人：台語，指不務正業或混江湖之人。

馬克吐溫（Mark Twain）寫過一則〈生死之謎〉（Is he living or is he dead）的小故事。講述天才畫家米勒與懷才不遇的同儕為了擺脫貧困，精心設計讓米勒詐死的歷程，透過詐死來拉抬米勒畫作價值而成功致富。詐死後的米勒必須偽裝為一位成功的絲綢商人，從此富裕但無法再有創作地度過餘生。

回顧臺灣二十多年來的民選政治歷程，始終圍繞在「維持現況」這個主軸之上，它看似最大公約數，卻也是份約束，從來不乏有著蠢蠢欲動的力量渴望突破現況。如同〈生死之謎〉的故事一般，臺灣選民似乎有著共同的潛在慾望，想要革除這個不盡理想的現況，走向期望中身心皆能富裕的方向。然而，不同黨派的選民，具有國家認同上的差異，「置死地後，欲往何處而生？」這樣的衝突持續發展，在2020年的總統大選期間，社會上充斥著一種「亡國感」各自表述的氛圍，各自擔心對方欲改變的企圖，不只會殺死現況，也會殺死自己的情感歸屬與未來。

以臨床上個人取向為主的分析論點來看待國家群體，應該不是個全然適切的作法，但若採取將國家群體視為單一個體的態度來比對這些論點，或許能有開展部分想像空間的機會。佛洛伊德晚年提到分析治療的三個決定性因素，分別是創傷的影響、先天本能的強度、自我的改變。細心感受臺灣二十多年選舉歷程的氣氛演變，似乎可以觀察到自我改變的脈絡與態勢。從每次選舉前都容易有遊行

暴動，或是選前之夜突發流血暴力事件的狀況，漸漸演變成造勢晚會拚人場、拚人情味、拚秩序與拚整潔的相對平和狀態，如同自我的改變涉及到在取捨「享樂原則」與「現實原則」的歷程中，開展出防衛機轉的樣態。

　　面對不同族群經驗到的創傷衝擊，以及難以衡量並馴服的本能強度，臺灣社會走過的自我改變歷程，絕對有其值得欣賞之處。要以相對文明的選舉制度，來處理匱乏感與不安全感，言論的交鋒似乎成為這二十多年來的重要場域。當民主政體中至為重要的言論自由主張，遭遇到方向難辨的滅亡威脅時，人們的言談是否還能如其主張般的自由？如果不能一再滿足於理想中的自由，這份言論又會如何被變化？

　　以臺灣頻繁發生與政治理念衝突相關的事件為例，舉凡318學運帶來的衝撞與爭論（學生衝突是否有罪？警方執法是否過當？）、工會組織運作的罷工糾紛（是否應該侵犯其他民眾交通權？）、軍公教年金改革的公平正義與否、同婚立法與傳統宗教教義的衝突等等。這些事件的衝突能量極高，也難在短時間內，讓對立雙方的爭論告一段落。即使已經發展到有具體法律判決，作為定調之基礎，社會上仍瀰漫一股，下次選舉結果就可能推翻現有判決的不安定感。

　　精神分析學家比昂使用涵容性（containment）這類用語，作為思考心理衝突的一條途徑。涵容有一個類似邊界

範圍的概念，作為一個軍事用語，指的是在戰場上限制與降低衝突，目標是管控而非消滅；也許這是個值得用來嘗試思考國家群體內部衝突的角度，臺灣社會就像是以一個曖昧柔弱卻又有暫時性共識的邊界，持續涵容著還沒有成熟到足以突破現況的衝突。

比昂也在其「對連結之攻擊」文章中提到一個觀念，他認為精神病人會仰賴「投射性認同」（projective identification），來排出自己人格中的某部分到分析師身上。對病人來說，如果可以將這些排出的部分託放（repose）在分析師身上足夠長的時間，就有機會被分析師的心智調節，接著再安全地內攝（re-introjected）回病人身上。若分析師太快將病人投射過來的部分排出，病人會覺得沒有被調整，且嘗試以更極端、更暴力的方式再投射出來。

融合上述比昂的兩個概念，來看待政治理念的衝突僵局，或許人們在面對理念相對立的言論襲來時，並不需要做到像古人所謂「民胞物與」的那般愛與包容，但可退一步，做到不急於過快地回應與回擊，避免雙方因為經驗到對方不願意給予任何調整之挫折感後，又以更猛爆的態度相互回擊。也許這樣的作法主張仍是過於理想的期待，畢竟比昂的論述主要是以母親照顧孩子，或是分析師對待病人的場景為主，一般人與人之間並沒有這種態度取向的思考義務，因為這是十分艱難與壓抑的狀態。但我們可以攀附於此來延伸思考，如果這份涵容的態度，真的部分地被

嘗試帶入政治理念衝突之場景中，勢必也會讓言論是否自由的感受，歷經一番迂迴地調整。什麼樣的變化調整，有機會讓涵容的帶入相對容易實現？

回顧幾次選戰經驗，一個深刻的印象是，社群媒體上充斥著對政治人物與新聞事件嘲諷的幽默性創作，甚至在較為正式的新聞媒體，也漸漸出現略為戲謔諷刺的報導風格，這透露出，在政治衝突的張力下，幽默似乎已經扮演一個重要角色。

佛洛伊德在〈詼諧與潛意識的關係〉中提到：「對同類的敵意衝動，就如同我們的性衝動，一直受到同等之限制和與日俱增之壓抑。」所以即使我們以同胞相稱，衝突的強度也不會少。他提到：「有時候詼諧是為詼諧而詼諧，本身沒有特別目的。有時候卻服務於一種目的，是有傾向性的。只有具備一種目的之詼諧，才有可能激怒那些不想聽它的人。」亦即有時詼諧本身，就是以激怒對方作為宣洩敵意的手段，但它的可貴之處，並非只有宣洩攻擊這件事。

人權法官奧比薩克思（Albie Sachs）在《斷臂上的花朵》一書中，曾引用了一個商標權保護的案例，來討論言論自由中的寒蟬效應，也思考幽默對於憲政發展的影響。這案例牽涉到兩大價值體系（言論自由與財產權）正面衝突，薩克思發現全世界在面對這類案例時，幾乎沒有一致的判准原則可供依循。

薩克思引用魯茲（Rutz）曾說過的：「一個公正、審慎的觀察家在看待這個案子的時候，會先仔細綜覽全局，並以憲法尊崇的言論自由價值為經，商標法提供的財產權保障為緯，然後問一個最關鍵的問題：諷刺作品對商標所有人造成的財產損失，是否大於我們需要保護的言論自由價值？」從魯茲的論述中，可以感受其盡力在維持一個周延的客觀比對態度，但要執行這類周延的比對，會遭遇到太多太多挑戰人性與壓迫客觀的現實壓力。或許薩克思也有意識到這些困難，但他在這股兩難困境下試圖活存出的態度是：「憲法不能規定鬱鬱寡歡者必須快樂起來。然而，憲法可以防止凝重肅穆之氛圍，扼殺社會上歡快愉悅的情緒。」即使我們不一定總是能夠做出完滿的判決，而我們始終要盡力維護社會的自在論述氛圍。薩克思將此觀念拉抬至憲法的高度。

薩克思在評論此言論自由與財產權衝突案例的最後提到：「幽默是民主社會能接受的偉大潤滑劑。它用一種非暴力的方式，呈現這個社會上的曖昧與矛盾。它促進多元性。它讓社會上諸多的不滿以自發、創意的方式抒發出來。最終，幽默可說是讓憲政健全發展的靈丹妙藥。」這段描述頗有意思，若將先前提到的涵容性概念放在此處一同思考，是否意味著幽默具有利用曖昧與矛盾，來發展出衝突雙方對彼此涵容的特性？若緊繃對立的雙方有可能在衝突較高時，對彼此投射出自己較混亂的部分，這就像是

個體把某些自己身上還不能容受的部分斷了連結，並交付給投射對象，希望由對方來忍受與調適，但同時間也存有接收一方可能因為容受不了，而與投射方又斷了原本已有之連結的風險。而幽默機制是否具有保護或協助維繫連結的特性？

佛洛伊德在〈詼諧與潛意識的關係〉中，也提到過類似促進連結的概念，他說：「詼諧常常需要把一種思想，換成一種不同尋常的形式，而這形式則與後繼的思想合併提供了基礎。」他也引用了費雪（Fisher）對詼諧的定義，認為詼諧是，能夠將一些內容和內在聯繫互不相干的觀念，迅速連結在一起的能力。費雪提醒在大量的詼諧判斷中，人們發現的不是相似，而是差異。回到我們前述所討論的議題，也許幽默的展現，正是價值衝突之下，保有一定程度言論自由感受的折衷方案。

凡事常有其對立一面，如果說，幽默就像是衝突雙方之間的迂迴緩衝地帶，那麼禁忌（Taboo）也許就像是雙方之間的邊關哨站。

在政治立場對立的氛圍下，我們很容易就可觀察到與禁忌運作有關的現象，像是忌諱於與特定立場的言論或政治人物接觸，一旦有所沾染，就必須透過嚴明澄清的儀式化宣告行為來為自己淨化，避免想像中的被舉報或顏色恐怖（臺灣社會流行的闡述是「心中有警總」）。這並非全然是想像，這些擔憂的確有其政治經濟上的現實基礎。

　　德國心理學家馮特（Wundt）將禁忌稱為人類最古老的不成文規定，他認為禁忌的起源深藏於特權階層的權力背後，是源自人類最原始不變的本能，也就是害怕魔鬼的力量。他認為隨著時間演變，禁忌逐漸脫離魔鬼力量，改以某種力量留存下來，之後純粹因心理慣性作用，而成為我們生活中，風俗習慣規定和法律的根源。佛洛伊德則認為，禁忌的起源是與人類為了避免亂倫關係有關。

　　佛洛伊德在《圖騰與禁忌》中提到，禁忌與精神官能症之間具有類似的核心禁令，也就是「接觸」。他提到一種觀察現象：「任何將想法導引到被禁止事物上，進而引發了想法之接觸，也都和直接的身體接觸一樣，是要被禁止的。」這裡我們可以嗅出關於防範亂倫，或保護後續衍伸之倫理不被侵犯的味道。

　　這種戒慎所影響的範圍可能遠高於我們想像，因為佛洛伊德也提到：「強迫禁令很容易置換（displacement），可藉由任何相關管道，從某個物體延伸至另一個物體，進而形成新的東西。所以一個因為接觸禁忌事物而觸犯了禁忌的人，自己本身也會成為一種禁忌，任何人都不可以接觸他。」這種像是防疫期間會有的隔離措施，或許一直就內建在人們心靈深處。

　　如果說幽默是協助人們在衝突張力下，盡可能維持往言論自由一方靠近的力量，那麼禁忌的力量，似乎扮演讓人們不輕易脫離寒蟬效應一端的內在堅實基礎。

　　在禁忌之下難以伸張己意並非只是平民百姓的困境，位居高位者可能感受到更加壓迫。觀察多年來不同領導人或候選人對於兩岸關係的論述內容，同樣都是被侷限在僅能說不能做的文字運用範疇內，期望這些文字的雕琢能夠在動輒得咎的困境中帶來進展。像是「一年準備、兩年反攻、三年掃蕩、五年成功」、「三民主義統一中國」、「中華民國在台灣」、「一個中國各自表述」、「特殊國與國關係」、「一邊一國」、「四不一沒有」、「三不政策、新三不政策」、「三個有利、三個堅持」、「中華民國台灣」等等。

　　這就像是佛洛伊德在描述強迫症狀的病理時，曾提到的：「當精神系統的運動端發生了抑制作用（由於相反動作造成的衝突）時，使得思考過程必須負責花用正常情況下，只保留給行動的能量（質或量皆是），這思考過程就可稱為強迫的（obsessive）或強制的（compulsive）。」因此，無論這些論述拿捏得如何精準，幾乎註定永遠無法令人滿意，因為終究是不得不的強迫性歷程，突而不破的文字淬鍊。

　　如果以自我（ego）受制於多元衝突的協調觀點，來同理臺灣領導者的難處，也就是將其定位在自我的位置上來思考，或許這些年在民間社會風起雲湧的諸多現象，可以理解成慾望與禁忌的自發震盪歷程。臺灣若要如同〈生死之謎〉故事般，出現實際的改變行動，也就是從衝突

走向突破，或許必須等待一個天時地利人和的成熟點。

　　「天時」可以視作大環境的外在現實，這部分也許影響最大，但也最無從掌握。我們觀察到民眾時常緬懷戒嚴時期的行政首長之工作效率，用以比對民主制度下的行政首長並貶抑其無能；也觀察到政治評論者會認為，特定領導人的成功是來自於運氣好。這些評論當然有失公允，但也指出一個道理，也許我們總以為某個個人能力就能如同救世英雄般處理許多問題，但扮演天時角色的時代背景或許才是重要關鍵。如同佛洛伊德曾提到過，即使使用分析修復了病人，使其不再產生另一種需要分析的疾病，我們也無法知道，他的免疫力有多大程度不是來自於仁慈的命運，使其免於太嚴重的磨難。

　　「人和」可以視作領導者的態度與當下多數民意的接合，能否在選舉階段或在位期間得到較高的支持度。這裡或許很大程度地涉及到移情的因素，才讓某些領導人能在短時間內突然獲得高支持度，不久後卻又急速地被揚棄。

　　而「地利」或許就是想像中代表群體的自我，掙扎於享樂原則與現實原則之間的現況，是人們在慾望與禁忌之間，不停征戰拉鋸而逐漸累積而成的土壤樣貌。如果天時到了卻沒有相對應的土壤可以提供養份，即使出現了表面人和（例如一黨獨大的選舉結果），也很難真正跳脫強迫思維般的局限，而走向實際的行動面。

　　在一個暫時有共識的邊界內衝突對立的雙方，即使

為了保有連結而嘗試以各種精練的文字運用來溝通，也許
都難逃法國精神分析師拉維（Lavie）所說的一個困境：
「說者其實是任由聽者宰割的。」

即使是在幽默展演的場域，同樣也得面對此一困境。
薩克思提到：「諷刺者依賴觀賞者辨認出原作品的能力。
觀賞者的機智與鑑賞力也是該諷刺作品成功的關鍵。」佛
洛伊德在〈詼諧與潛意識的關係〉中，引用了費雪在1889
年的觀點，費雪認為：「一個玩笑（joke）就是一個產生
滑稽性（comic）對比的判斷；它已經在諷刺（caricature）
之中扮演一個沉默的角色，只有在判斷之中它才能達到它
特有的型態，以及所開展的自由領域。」聽者願不願意
聽？有無能力聽到對方的苦心、創意與善意？也許就像是
前段所述，慾望與禁忌震盪堆疊而出的土壤現況。

臺灣民間習慣用「迌迌人」，描述一些還在迷茫人生
方向而遊戲人間的年輕人。常聽聞的故事型態是，迌迌人
的家人總是苦口婆心地勸告、引導他們老老實實過生活，
但屢屢感受到，對方將自己的話當成耳邊風而費心受到挫
折。等到多年後的某個時間點，迌迌人像是突然明白了什
麼，開始聽從家人的勸告，回到社會常軌來生活，此時家
人的心中會有一聲感嘆地說著，你總算「甘願」了。或許
每一位用心和立場對立一方溝通的人們，始終都在面對類
似的心境，而雙方在彼此眼中也都是那位迌迌人，等待這
些煎熬終有一天能帶來「甘願」。

　　看來聽者有著極大的權力也有著極大的阻抗，佛洛伊德在〈記憶、重複與修通〉一文的最後提到：「在實際的運作中，阻抗的修通可能會變成分析議題中的艱鉅任務，以及對分析師的耐心考驗。然而這是帶給病人最大改變的工作中的一部分，也區分出分析治療與其他藉助建議的治療形態。」當然，如同比昂提出的涵容性論述一般，這是臨床工作中屬於治療者的任務，一般人沒有這份義務以此態度來對待身邊立場對立的人。然而，如果這有可能，已經一定程度地發生在民間社會的運作中，或許臺灣人持續在打拚的經濟，不再只是外在現實的經濟收入，而是在長年立場衝突的對峙張力下，努力在慾望與禁忌的拉扯之間，依循經濟原則，摸索出最適當的釋放之道。

除了瘟疫，還有人性在挑戰！

論政治的謎題

# 回得去嗎？回不去了！
# 失落空洞場景裡的迴聲

蔡榮裕　／

精神科醫師
松德院區《思想起心理治療中心》資深督導
臺灣精神分析學會名譽理事長
臺灣精神分析學會執委會委員
無境文化【思想起】潛意識叢書策劃
薩所羅蘭分析顧問公司顧問

我們看見了，有人說了很多做不到的事。但我們更要觀察的是，何以也有人做了很多語言說不到的事情？如果我們只談建議和理論，就成為說了很多做不到的話，也同時做了很多語言抵達不了的事情。

　　一旦名字被奪走，就找不到回家的路了。

──《神隱少女》

　　台灣這塊土地，在近代心理史上，有兩代難民。一是日治時代的青年和成人們，從不再是日本人後，成為語言和心理上的難民，他們是在自己土地上的難民，是失落失語的一代。

　　另一代難民，來自二次大戰後，先是勝利國卻再被打敗，逃難來台的移民。這一代也是失語失落的一代，但和前一代的反應有所不同。

　　如果要談「台灣人精神史」，這兩代的難民如何交織，成就這塊土地的文化、政治、經濟和社會，或者對我來說，更重要的是有趣的心理風味；兩者都有著「回得去嗎？」和「回不去了！」的心理煎熬，不過，這命題太大了──接下來只是初論1949年前後來台的這代難民，至今仍留下對後人的心理影響力……。

　　宮崎駿的《天空之城》中，有一句話是：「我們的孤獨，就像天空中，漂浮的城市，彷彿是一個秘密，卻無從述說。」移民的失落和孤獨是創意的來源，造就了努力的成果，例如經濟上的成就，但是如同我們的診療室裡常遇見的，得意於目前人生的成功者，卻失落著早年的悲哀，或悲傷著早年的失落，那失落如天空中漂浮的城市。

## 是誰說出真相，是誰說出「回不去了！」

「回不去了！」在當年，這是危險，會有殺身之禍的想法，因為原本是懷抱著到異地打拼，再回家鄉的心情，就算時過境遷，這個異地，有些人早就又從台灣，拓展移民到其它國家了，他們也都回不去上一代祖先念念不忘的心情家鄉，這是不能說出的秘密；如果有人說出這個秘密，或者是想要切斷這條象徵之路、切斷可以回去的一絲絲情愫，注定會遭來怨懟。有些人不是真的想回去，但是不能讓人說出這個真相，需要保持著這種錯覺（illusion）──誰打擾了這個回鄉的夢呢？

我想起佛洛伊德照顧孫子時，小孩媽媽外出，孫子玩著線圈，往前丟到窗簾下，消失了，再拉回來，類似躲躲貓，這是有名的Fort-Da遊戲，是兒童在處理難以控制的失落時，所創造出來的文明遊戲。

再回到當年的難民，何以對某些人來說，「不能再回去」的實情，無法在夢和想像裡被處理、安頓好呢？當有象徵的「好好看著眼前腳下所在」的說法時，就會被當作是背離呢？有些人眼前腳下早就不在這塊土地，而是在另一個遙遠的新移民異地。這種「背離感」，一如昆德拉談論小說藝術的書，《被背叛的遺囑》[2]：「因此，所謂的『真人真事改編的小說』（角色皆是真人，但用假名，希望讀者猜出所指是誰）其實是假小說，從美學的角度看，

---

[2] 頁260，《被背叛的遺囑》，米蘭·昆德拉，皇冠出版，2004。

含糊曖昧，從道德角度看，不乾不淨。」這讓我很尷尬，
我希望我說的是小說，而小說需要被當作小說來讀，而不
是傳記或回憶錄。

這部小說談的是，在這塊土地上安身立命，或者這是
永遠在他方，而且是比海峽更遙遠的他方？這麼說並不是
要抵觸世界公民的美好概念，真正的問題不在於人看向遙
遠的他方，而是何以自己不願親身回去安身立命，卻不允
許有人想像其它條線，就在目前的所在好好安身立命呢？
也許這是當年的挫折，在回不去後，想像身體去遙遠他
方，但是心情上需要有一條線，可以牽著當年難民的心
思？有誰冒犯了這條線就是干擾者，不過，倒是引出了一
個重要命題：是誰背叛了遺囑？

有人是難民，有很多人是難民，也有很多人要大家跟
他們一樣，是難民，要大家一起在自己的孤島土地上流
浪，心理上不能定居下來，但老兵已經凋零，他們的苦難
和「回不去了！」的恨意，還無依無靠，仍在孤島上空飄
搖、暗徘徊。他們曾是無情戰爭年代的難民，苦難和恨意
的承載者，他們離開了人世，苦難和恨意仍然不願意離
開，依然無法在所在處安居樂意，依然想著年少的他方。

身體的難民已經凋零，而遺留下來的，心理難民的後
代們才開始旺盛地打造「難民營」，因而可以輕而易舉地
忽視各地的迫害，以中立為名，以訊息未經證實為名；他
們要的名字「中華民國」，在他們想回去的他方早就不存

在了，或者只能放在被管控的紀念館裡，他們知道，但是心理上難以吞下這口氣。這口氣只能吐向眼前幫他們在這塊土地上，有主體有尊嚴地安居樂業的人們，但無法滿足了，誰也無法幫他們找回當年失去的夢想，他們在「回得去嗎？」的希望裡，和「回不去了！」的失落裡，衍生出「無處可去」的恨意和不滿。

但是他們「回得去嗎？」的疑問，卻以肯定句的方式化身成期待，這些會遺傳漫遊的期待，讓後代子孫走著被暗示催眠的步伐，以夜襲的歌聲來壯膽，但是，「回不去了！」的恨意，也以另種變身的方式，散佈到在心理上傳承了上一代難民、無法落地生根的人身上。

有人堅持著難民身份，不願意讓自己落地生根，或者落地後只生長著氣根，隨時可以游走他方的生命，是沒有人可以知道或能下結論的── 這是否是悲劇？好像伊底帕斯知道了神諭後，刺瞎自己的眼睛，然後開始流浪。在他們知道「回不去了！」的故事真相後，雖然可以返鄉，但是他們知道，就是「回不去了！」回不到從前了。他們覺得這時候比當年的戰爭，還要嚴峻殘酷。他們寧願讓自己在這裡止步，不要走向伊底帕斯遍訪神諭，而了解實情是真的「回不去了！」

甚至他們期待有爭戰，可以有機會重新整理當年匆匆逃難的過程裡，那些無法從容看清楚的途中風景，以及無法好好想念家人的遺憾；至今仍難以消化思索的失落，需

要有不滿作為燃料，以診療室的經驗來看，這些不滿會很快地移情到治療師身上，雖然治療師是想要幫助他們的人，但這是情不自禁的反應。

此刻，孤島上的文明，並無法取代常年失落的不滿，甚至文明也會讓不滿不斷地滋生，也許佛洛伊德的《文明及其不滿》是道窗戶，然而，此刻是看不見這些不滿，它們是多麼深不可見底。

其實這是「反攻無望論」——當年說這句話的人會被抓去關起來，但現在還有可能被敵對方抓起來嗎？他們不只要回去，而且要帶著大家一起回去，但是心理上要回去的那裡，和身體會回去的所在，對不少人來說，兩者已經相互脫離。也就是，後代要搬回第一代難民所來的故鄉，卻是身體不必然要回去，而只是心理要回去的意志力，這兩者之間有了明顯的斷裂。

如同身心之間的失語和失聯，難以用想法達成連結，一如佛洛伊德當年描繪的失語和歇斯底里的關係，這是以「潛抑」為主要運作的心理機制。不過，精神分析史裡後來被定義的「分裂機制」，著重和觀察這種身和心的分裂，不再只是如同歇斯底里般地一時反應，而是持續久遠且彌漫在日常生活裡的分裂心理（但不是一般人評論的精神分裂），造成對危境的視而不見，有如臨床常見的，對重要人物有著大好大壞的評斷，或者只有好壞一端的評論。

　　這也如同主人和影子，主人是心理，身體影子早就脫離主人而去了，想去更自由、更安全和更民主的地方，但是主人仍掛念著要回去原來的故鄉。這位主人仍有難以描繪的心事，一代傳向一代，或者套用另一種說法，「要回去」的念頭蛻變成主體（subject），有著自己的主體性和自主性，能夠發揮力量驅動著目前的舉動。

　　雖然對於自己是什麼人（self-concept），自己也無法清楚：台灣人或中國人或既是台灣人也是中國人？可能有著其它複雜和現實考量的說詞，說出來的和心裡的想法可能有落差，畢竟有自我（ego）的防衛在運作著，讓公開或私下的說法有所不同，但是「要回去」的主體卻是關鍵的決定者。

　　有些後代也和主人失聯了，而有些仍是牢牢地牽連，但在這塊土地上，卻害怕再度像當年逃難時的無依無靠，雖然他們早就不再是「大家」了。但是心理的主人，仍一心一意想要帶著大家一起回去，現實上很謬誤，不合理，一想就懂，但是內在心理卻很合情，所以需要恨意，「回不去了！」的恨意，但是恨意和「回不去了！」之間也失聯了，使得恨意沒有對象；恨意變成沒有主人的孤魂，是更令人難以容忍的恨意和不滿。

　　他們想要回去遠方，那裡可能有個紀念館，在牆上掛著他們要的名字：「中華民國」，他們相信這座孤島，當年曾經容納他們作為難民的所在，是不會讓這個名字有它

的容身之處。

　　他們需要尋找客體對象附著，眼前只要有誰是沒有全心要讓「回得去嗎？」的問句給出方向者，就是恨意投射的對象。甚至恨意把對方當作是主人，雖然恨意早就是自己當主人了──這是這個孤島精神史的某個面向？如果真是這樣，那很可惜，他們讓自己變成了錯過台灣的台灣人精神史裡的撲朔迷離。

## 他們的主人繼續當難民

　　昆德拉在《笑忘書》裡提過，人類對抗權力的鬥爭，就是記憶與遺忘的鬥爭。

　　不過，我想說的是，「期望」和「失望」來來回回的煎熬裡，最後的「失望」使得「期望」變身成了推手，加深加重了「失望」的恨意，原地轉個身，就認同了「失望」後方的空洞，讓難民繼續走在空曠的地方，無法替自己的腳下命名，因為名字一直在他方，那裡有火龍守著。

　　因此，「記憶」和「遺忘」不會鬥爭，它們相安無事，相互忽略對方。人類真正的權力鬥爭，是「期望」和「失望」，它們變身成主體後的鬥爭，轉變成「期待」助長了「失望」，因為「失望」是空洞裡的本尊，而「期望」是離散它處的分身和化身。然後，分身們和化身們之間，開始漫長無邊際的鬥爭......。

　　這些「期望」可以在流浪時，撞見了佛洛伊德的「嬰

孩式的期望」（infantile wish），它是夢產生的主角，巧妙藉用自我（ego）的能耐，以「濃縮」和「取代」的心理工具捕捉訊息，作為代言者；或化身讓白天白日夢的清晰想像，接近夜間的夢般，迷離需要解析；不然難以理解，何以可以相信空洞的吶喊？好像在失落空洞裡，突然遇見了遺漏在童年故鄉的家裡，象徵父親大陽具的力量，那是後來一路逃難的過程，逐漸被淡忘卻一直掛在心頭的有力者。

這種期望在街頭與溫尼考特的「真我」相遇，這個「真我」只是有活力的經驗細節的集結（together the details of the experience of aliveness），期待自己是能夠感受到真實感......，但常常事與願違，失望是家常便飯，雖然唯有「真我」能夠讓人感覺到真實感，也是自發創意的啟動者，卻需要「假我」來防衛它，甚至幫助它實踐，早被遺忘卻又活力十足的不滿和恨意。

「假我」也可能因過度的保護「真我」，而成為剝削「真我」的角色，有人自發拿出國旗的真情忘情揮舞，卻遺忘了舞台上，是否拿著麥克風索愛的剝削者，可能正虛假地傳達早已過期變質的期望：遮住疑問號的「回得去嗎？」

我再藉由「真我」和「假我」的說法，從精神分析史裡的片斷想法，進一步談談「主體」（subject）和「主體性」，以及「自體」（self）和「自我」（ego）的概念；

佛洛伊德以「夢做了我」作為出發，雖然一般人常說的是
「我做了夢」，這兩句話的「夢」都是主體，是建構
「我」的角色，但是實情上，可能「夢」和「我」都各有
主體性，因而呈現的樣貌，應是「互為主體性」的交纏，
也可以使用克萊因的「投射認同」的概念，來呈現這種相
互影響的細節。

　　另外，溫尼考特的「真我」定義為，是一堆活生生存
在感的集結體，或者也可以說是接近佛洛伊德所談的性本
能或生的本能。這些變成「真我」的過程，在概念史的發
展上，可以說是從原本充滿本能的原我，在起初被當作是
人的主體裡的某位代理者或代言人（agent），到後來變成
有自己主體的進化過程。

　　我引用這些主體的概念，是要說明這些難民們的心
思，如何在掛念的過程裡，讓「回得去嗎？」的疑問被分
裂開來時，「回去」變成具有主體性，讓原本的影子變成
了主體。當這個主體啟動時，具有「濃縮」功能象徵意味
的國旗，就開始風動起來，好像那種搖旗吶喊，才能深深
觸及、深深烙印，如古蹟般的掛念；或者，才能減少一些
罪惡感，因為實質行動上，不是完全採納第一代的心思，
讓自己的「身體」和「心思」都回到難民的故鄉，可能的
情況是，揮舞國旗者在身體要去何處，和要回去的心理主
體之間，兩者有了劇烈的拉距。

　　例如，自體和自我的綜合運作後，加進了外在現實，

或許他們不會選擇身體回去難民的故鄉，但繼承了前代難民的心思，認為目前腳下不是久居之地，「一定要回去」，後來「要回去」轉型或以昇華方式變形成「要離開這裡，去某個遙遠的地方。」故鄉後來以遙遠的感受留在內心深處，不是以故鄉的原樣留下來，畢竟，人去樓空了，因此也離開這裡到其它國家？

或者身體留下來，心裡卻一心一意保存著難民的遺跡，當「要回去」時，仍有著「要反攻回去」的心思，使得現實上的不可能，因為有「反攻」的潛在心理，讓「夜襲」有了依歸。雖然外顯上是襲向目前的執政黨，認為它是破壞「回去」的心理之路，而不是覺得破壞之路可能仍來自遠方，尤其種種的矛盾和猶豫，是由孤島上的執政黨說出疑問，真的「回得去嗎？」讓心思被中斷了，或者心中的猶豫和矛盾被打了開來，這是產生恨意的起源之一。

有些根深蒂也固的失望，是難以消化的盛宴，讓作為奴僕的代理者：自我（ego），忙碌地尋找材料來替自己說話。這位自我的工作方式，是以最小的受苦為原則（享樂原則），這是它的經濟學精算原則，只是外在現實所呈現出來的結果，可能是不可思議，它把自己往失敗的方向推，往火龍的嘴巴走過去，雖然是以勇敢作為遮掩恐懼的披風，但同時也讓更多周遭的人感到更恐懼！

他們何以對某些重要的事（例如，走向火龍）視而不見？在神話裡，這是走向成功的必要過程，不過這是神

話，現實上卻是拉著大家一起走向預知的路，這是生路或死路呢？起先還在應付火龍吐出來的火，興奮者，還來不及想，接下來……？

　　我的困惑才剛開始，我真的不相信，我說的這些話是有用的，甚至他們願意停下來聽一下我在說什麼？我只能說給同溫層聽聽，如果精神分析取向的核心技藝，是在兩個人之間觀察和詮釋移情，或者有時是呈現必要的同感存在，那麼精神分析要與大眾溝通時，有群體的移情對向我們，讓我們可以分析嗎？或者我們只能在故事裡，建構生命更早年、更遙遠過去的心理史？

　　佛洛伊德晚年的文章〈在分析裡的建構〉，再度提出了他不曾遺忘的，精神分析的運用，藉由診療室的經驗，來推論個人生命早年的心理史。那麼，我們談論政治社會時，「詮釋」和「建構」這兩種概念在處理精神分析的「運用」課題時，哪一種是我們更需要強調的呢？兩者在態度和分析方式會有什麼差別嗎？這需要再好好了解「詮釋」和「建構」在臨床和理論的意涵，並觀察後續的現象，事後再比對參考。

　　處理政治課題時，讓我感受到需要更多細節，區分詮釋移情和建構移情，並從這些書寫過程，回頭省思臨床的技藝和分析的態度，看看這些原始的專業期待，如何影響著我們公開談論精神分析？在分析外在事件時的干擾因子是什麼？畢竟，精神分析從一開始就是受到干擾（例如阻

抗），想著無法想像、難以說出口或被遺忘的那些話。

這麼說應該也不為過——精神分析的知識來源，是來自於臨床實作過程裡，不斷地猜測和推論移情，和處理它所累積出來的知識，臨床工作者深知，移情就是一種阻抗，因此也可以說，就是處理阻抗的實作過程，所累積出來往前走下去的經驗，並嘗試描繪這些經驗成為後設理論。

那麼，我們面對診療室外的團體或社會為對象時，如何談論精神分析的運用？一如也有人說，精神分析診療室裡的工作，也是一種精神分析的運用。這些可能涉及佛洛伊德宣稱的，精神分析的論點將會撼動著人的自戀，因為他主張人不是完全依著意識想法而有所作為，而是有我們不知道的內容左右著感受和想法。說明了這種現象，仍需要再進一步想像的是，在診療室裡，我們不會把精神分析概念的傳達，作為和個案工作時的主要任務。

要對診療室外，團體或社會傳達精神分析的觀點時，以團體或社會作為一個整體的存在，它會產生什麼樣的阻抗？我們對於這些阻抗形式和內容的觀察想像，是否是精神分析運用時更重要的事呢？如何在異溫層裡仍有可以討論的可能性呢？這是一個比在診療室裡更困難的事嗎？

# 一個人在唱歌

單 瑜

精神科醫師
臺灣大學醫學院醫學士
臺灣精神分析學會會員

我想從一個講者站在許多觀眾面前講演的經驗開
始講起。在大眾面前演講其實多少是會讓人覺得
緊張的，會有一種莫名焦慮感；大多數人應該都
會記得自己第一次站在人群前講話，第一次從擴
音器中聽到自己的聲音，以及在人群前好像別人
的眼光正審視著自己，那種聲音略微顫抖、手足
無措的時刻。這種焦慮感正符合我們的命題：
「政治」的精神分析。

　　我們設想一個人投入到群眾/群體裡面，想像自己正站在一群人的面前講話，經常會有一種僅僅只是想到就會感覺到的不安與焦慮。個人與群體的連結有一種巨大的張力，例如當一位粉絲面對他的偶像，那種夾雜著興奮、不安……，既期待又害怕的這種看似矛盾的情緒。或許有些粉絲行徑瘋狂，但是否我們自己也曾是「紛絲」的其中一員，為了某人著迷，做出超乎自己日常的行為，那種介於興奮感與尷尬之間的感受，回憶起來或許可以稱作是「瘋狂」的經驗。

　　我以「政治歌曲」為題，以「政治歌曲」的內容為素材，從這個主題切入一種「政治」的面向，希望可以從「政治歌曲」的感染力——除了音樂本身，也深入撼動人心的歌詞文字，探究其中那些足以打動人心的力量。藉此，再從這個主題回歸個人，在群體與個體的連結之間，發掘眾人或多或少都有體驗過的幽暗又矛盾的「尷尬」，以及那種介於期待又怕受傷害的「不安」。希望我們的分析能夠深入一個人之所以從「政治」中感受力量，乃至於產生力量而至於行動，以及其中內心經常難以言明的「不安」的原由。

## 政治歌曲

　　首先，我們為「政治歌曲」給下一個定義，政治歌曲需要符合兩個條件，第一個是政治歌曲的內涵必須要聯繫

個人與群體之間的關係，第二個是歌曲要有一個宏大的命題，這個宏大的命題不管是直接或是間接，必須要回答一個深刻的問題是：「我們到底是誰？」即使僅僅是用一個很簡單的方式說：「咱是勇敢的台灣人。」在我們的定義上，也實際觸及了這個命題。以2014年發行的歌曲〈島嶼天光〉[3]為例，裡面動人的副歌唱著：「為了守護咱的夢，才做更加勇敢的人。」在這裡，「勇敢的台灣人」構成了我們所謂政治歌曲的兩個主軸：我們是誰，以及透過台灣島嶼的地理，聯繫了所在其中人與人之間的關係。

另外一個關於政治歌曲可能不是那麼必要的條件是「禁忌歌曲」。我們注意到政治的歌曲經常會觸及到「禁忌」[4]。在台灣，八零年代以前的四十年間[5]有非常多的禁歌，雖然我們說政治歌曲涉及了「我們是誰？」這樣關於

---

3　〈島嶼天光〉是2014年由滅火器樂團創作的歌曲，在太陽花學運期間作為活動的主題曲，廣泛被傳唱，2015年獲得金曲獎最佳年度歌曲殊榮。如果說〈島嶼天光〉是一首政治歌曲的範例，應該沒有太大異議。

　　歌曲的歌詞一開頭是跟母親告別、跟愛人告別，而告別的理由是要去對抗欺負我們的人。歌詞內容圈畫了所愛的人，就是「我們」，同時也揭示了要對抗的對象，也就是「他們」。

　　這段歌詞為我們展示關於政治歌曲的核心主題，也就是本文對於政治歌曲的定義：聯繫個人與群體之間的關係，以及透過群體的區別回應了「我們是誰？」這個主題。

4　在1913年出版的《圖騰與禁忌》，佛洛伊德詳述了禁忌（taboo）的矛盾情感：「禁忌代表了兩種不同方面的意義，首先是崇高的，神聖的，另外一方面，則是神秘的，危險的，禁止的，不潔的。」、「禁忌產生的禁制只是將欲望壓抑，並沒有將之消滅。禁制和本能仍然存在著，而在本能與禁忌衝突的過程中，產生了如強迫症般的病症。」

5　《臺灣省戒嚴令》是由時任中華民國台灣省政府主席陳誠於1949年5月19日頒布戒嚴令，至1987年由時任中華民國總統蔣經國宣布於同年7月15日解除該戒嚴令為止，共持續38年56天。

身份認同的深層問題，但許多膾炙人口的政治禁歌，或許
歌詞內涵僅僅只是隱微地牽涉其中就遭逢禁令。其中一個
知名的例子：〈黃昏的故鄉〉（1958年11月），歌詞寫到
「叫著我，叫著我，黃昏的故鄉不時地叫我。」這首歌曲
歌詞大意上敘述了都市遊子的鄉愁，透過懷念故鄉的山與
溪水以及自喻無家的渡鳥，在當時逐步現代化與都市化的
社會環境，生活步調驟變、人口遷移的台灣，深刻連結了
廣大群體的情感。這首歌曲符合我們所定義政治歌曲在
「我們是誰？」這個深層身份認同問題上，聯繫起廣大眾
人的情感，這種情感呼召對於統治階層而言，或許是感到
畏懼的，於是，歌曲就成了政治上的「禁忌」[6]。

　　在一個社群、團體，或是組織裡，一首歌不能公開
地傳唱，變成了一種禁忌，乃至於在政治、法律上被封鎖
成為禁歌。某種程度來說是被限制了，但從歷史來看，我
們知道當一首歌在政治上受到禁制成為禁歌，其結果卻是
讓更多的人想去傳唱。經常我們搞不清楚究竟是因為禁制
令造成了傳唱與散播，或者是正因為歌曲裡讓人不自禁想
要唱誦的內在動力，導致了歌曲被禁制的命運。形式上的
禁制與其所無法禁止的驅力，其中有一種特別的張力與矛
盾，正如佛洛伊德在描述禁忌時所提到的矛盾情感，有其

---

[6] 在解嚴前台灣有許多「禁歌」，多達近千首歌曲遭到禁唱。許多歌曲是越禁越紅，尤
其是戒嚴時期的黨外運動經常會在群眾政治活動現場演唱「禁歌」，當時有所謂黨外
運動五大精神歌曲：〈望你早歸〉、〈黃昏的故鄉〉、〈補破網〉、〈望春風〉、〈媽
媽請妳也保重〉。

心理學意義的內涵，接下來我們透過分析幾首政治歌曲的歌詞進行闡述。

## 美麗島與李雙澤

圖1 李雙澤

　　美麗島站是高雄捷運最大的車站，也是現在一個重要的觀光景點，位在高雄市中心中山路與中正路交叉口。「美麗島」[7]一詞源於一首歌曲，作曲家是李雙澤（1949年7月14日～1977年9月10日）（圖1），他的時代還是在戒嚴時期，在台灣還沒有辦法公開地表達自己的政治主張，但李雙澤可以說是台灣民主運動早期重要的啟蒙者。那時候他在校園發起了一個「唱自己的歌」[8]運動，1976年淡江文理學院舉辦了

---

[7]　「美麗之島」一般台灣現行教科書都會講述源自於葡萄牙文Formosa（美麗）一詞。傳說16世紀葡萄牙的航海者在太平洋航行至台灣，因讚嘆島嶼風光之美而說出：「Ilha Formosa!」（美麗之島）。雖然有些學者對於是否為葡萄牙人或者是西班牙人最先以Formosa命名島嶼仍有爭論，「福爾摩沙」仍然是許多人對於台灣島的代稱。考慮台灣本地的歷史脈絡，以及回顧解嚴前70年代台灣社會近代政治最劇烈動盪的時代，「美麗島」一詞起源仍應歸源〈美麗島〉這首歌曲。

[8]　1972年李雙澤在多處打工謀生，其中哥倫比亞大使咖啡廳人文薈萃，聚集了當時許多年輕歌手胡德夫、楊弦、韓正皓、吳楚楚……等。當時風氣仍以演唱英文歌曲為主，李雙澤經常會以「唱自己的歌」激勵其他歌手，當時出身卑南族的胡德夫便開始演唱自小於部落父親教唱的歌曲。

西洋音樂比賽，當時的參賽者胡德夫受傷，他的好朋友李雙澤代替他上場，李雙澤拿著一杯可口可樂搖搖擺擺地走上舞台，對台下的人說：「你們在這邊唱的都是英文歌，那我們自己的歌在哪裡呢？」說著就開始唱歌，他那時候唱了六首歌，〈補破網〉、〈恆春之歌〉、〈雨夜花〉、〈望春風〉，後來又加唱了〈國父紀念歌〉，最後一首歌是Bob Dylan的名曲 *Blowing in the Wind*。不過李雙澤因為早逝，生前並沒有留下他自己創作的錄音。1977年李雙澤為了要去救一個溺水的孩子，結果自己也溺斃，雖然他沒有辦法留下更多的音樂作品讓世人聽到，但仍然帶起了台灣70年代到80年代的校園民歌風潮。李雙澤過世後，留下了九首歌，那時候他的好朋友胡德夫、楊祖珺，在他過世的隔一天翻箱倒櫃，把他的作品翻找出來，總共有九首歌，他們當天就錄音，胡德夫跟楊祖珺兩個人一起唱，留下了九首歌曲的經典錄音版本，現在一般被稱作是77年版錄音，〈美麗島〉這首曲子在李雙澤的告別式上首次現世。後來許多年輕人私下流傳著，像是一些血氣方剛少年偷偷轉傳的「小本子」，這樣不為社會所允許的音樂錄音帶也夾帶其中。這種不斷轉傳散布的「禁忌」，總是帶著幽微的性暗示。那個時候還是錄音帶，錄音帶裡傳來滋滋的聲響，好像從遠方來的聲音，讓許多少年興起莫名的興奮。

　　1979年，歌手楊祖珺發行第一張專輯《楊祖珺》，裡面收錄了這曲〈美麗島〉，也是後世傳頌熟知的版本。同

年，黨外運動人士以此曲為名成立了《美麗島雜誌》，爾後台灣經歷了一連串政治運動，社會、政治體制經歷了天翻地覆的動盪[9]。歌曲〈美麗島〉在各種不同族群、意識形態的群體中，公開地、私下地持續傳唱。胡德夫於2005年發行個人生涯第一張專輯《匆匆》[10]，當中也收錄了〈美麗島〉這首歌曲。

### 〈美麗島〉 (1977)

我們搖籃的美麗島　是母親溫暖的懷抱

驕傲的祖先們正視著　正視著我們的腳步

他們一再重覆的叮嚀　不要忘記　不要忘記

他們一再重覆的叮嚀　篳路藍縷　以啟山林

婆娑無邊的太平洋　懷抱著自由的土地

溫暖的陽光照耀著　照耀著高山和田園

我們這裡有勇敢的人民　篳路藍縷　以啟山林

我們這裡有無窮的生命　水牛　稻米　香蕉　玉蘭花

我們這裡有勇敢的人民　篳路藍縷　以啟山林

我們這裡有無窮的生命　水牛　稻米　香蕉　玉蘭花

---

9　「美麗島事件」發生於1979年12月10日在高雄美麗島站現址。之後陸續林家血案(1980)、陳文成命案(1981)、劉江南命案(1984)。民主進步黨於1986年創黨成立。台灣於1987年解嚴。

10　《匆匆》專輯裡的歌曲〈太平洋的風〉獲得2006年金曲獎最佳作詞人獎以及最佳年度歌曲。

## 美麗島在高雄

　　美麗島雜誌社於1987年5月創辦，名稱為當時周清玉提議採用楊祖珺演唱的歌曲〈美麗島〉。美麗島雜誌社在台北市掛牌設立，隨後相應的社團、服務處在台灣北中南紛紛成立，同時也策劃於同年12月10日國際人權日在高雄舉辦遊行活動。

　　在「美麗島事件」發生的前一天12月9日，政府緊急宣布高雄舉行冬令宵禁演習，並禁止次日任何遊行活動。在原定遊行的前一天，高雄市府警察局調集了大批警力包圍美麗島雜誌社服務處，阻擋宣傳車的宣傳。其中兩輛由發財車改裝的宣傳車在街頭宣傳時，於鼓山地區被警察攔下並帶回警局。大批群眾在得知消息後前往鼓山分局要求警察放人，當時警察緊急封鎖陸橋，但仍然無法阻擋更多民眾湧入，一直到次日凌晨兩人才被釋放。這起事件後世稱為「鼓山事件」，激起更多黨外人士義憤，更堅定了舉辦遊行活動的決心，也使得一些原本並未計畫參加12月10日遊行活動的黨外人士陸續前往高雄。

　　1979年12月10日當天中午，警察、憲兵、檢察與調查單位以冬令宵禁為由全面動員，鎮暴部隊佔據高雄市各重要幹道路口進行交通管制，銀行、學校都在政府通令下提早關閉。傍晚時分，來自美麗島雜誌社各地服務處的成員與支持者陸續聚集，原定集會地點「扶輪公園」（現為中央公園）已經被封鎖，遊行隊伍只能臨時改變集會地點。

時任正副總指揮的施明德與姚嘉文率領民眾從美麗島雜誌社高雄服務處出發，最後在中山一路與中正四路口的圓環（現為高雄捷運美麗島站）集結。現場在警察、憲兵包圍下，要求群眾解散，民眾與警察、憲兵爆發激烈衝突，現場火把、棍棒、催淚瓦斯齊出，雙方均受傷慘重。這是「美麗島事件」，為台灣自二二八事件後最大規模的警民衝突事件。美麗島事件後，許多重要的黨外人士遭到逮捕與審判[11]，其中總指揮施明德被以叛亂罪判處死刑，後改為無期徒刑。

## 南方的美麗島

台灣近代社會運動裡最突出的歌手是林生祥，他是高雄美濃子弟，學生時期出道，參與過許多大小的社會運動。從他的故鄉美濃反水庫運動開始，到後來針對石化產業、空汙等環境議題發聲 （圖2）。

林生祥的政治運動參與，具有草根精神以及對於故鄉土地的深刻關懷，創作的音樂也深切反映他政治參與的內涵。林生祥學生時期最早成立的樂團是觀子音樂坑，他當時還是淡江大學學生，樂團名稱代表他們是來自淡水觀音山腳下的樂隊。林生祥可以說是李雙澤之後「唱自己的歌」的音樂實踐者，經歷早期觀子音樂坑時期，到後來回

---

[11] 美麗島事件後，警總軍法處以叛亂罪起訴黃信介、施明德、張俊宏、姚嘉文、林義雄、陳菊、呂秀蓮、林弘宣等八人。另有其他30多人則在一般法庭遭到起訴。其後，美麗島案的被害人以及該案的辯護律師群持續活躍，對台灣政治有著很大的影響。

歸故鄉美濃的交工樂隊時期，乃至於後期他以自己為名成立的生祥樂隊，除了鄉土主題外，歌唱語言也轉為全以他的母語客家話歌唱。

圖2　林生祥

相隔二十年，從李雙澤1977年的〈美麗島〉到1998年，歌手林生祥與觀子音樂坑發表了歌曲〈遊蕩美麗島〉。這首歌比〈美麗島〉的樂音少了懷念可親的情懷，但是卻多了行進的節奏感所帶來的行動力。我們可以注意到〈遊蕩美麗島〉的歌詞主題跟〈美麗島〉的內容相近，向人群訴諸土地，訴諸故鄉的情懷。就我們對於政治歌曲所提出的定義，無疑樂音優美的〈遊蕩美麗島〉也是一曲「政治歌曲」。

### 〈遊蕩美麗島〉 (1998)

看看山　看看海　看看那山與海交接的地帶

看看那很久以來無常變換的無限色彩

看看田　看看水　看看太陽照耀的金黃稻穗

看看農民彎腰仰頭之間滴下的汗水

感覺風　感覺雨　感覺東北季風的糾纏不清

感覺風雨觸摸美麗島的各種風景

看看天　看看地　看看我們眼前遊蕩的東西

那無數傷口被暴露在眼前的經濟奇蹟

遊蕩美麗島　遊蕩美麗島

找候鳥的蹤跡　紅樹林的命運

卻隱約可以聽見美麗島在哭泣

那無望的農民　那無價的稻米

那無奈的眼神　在追逐著生計

消失的森林　鮮豔的小溪　綠色的生命　何時再來臨

溫柔的月光　寂靜的村莊　母親的懷抱　撫慰受傷


　　但相較於李雙澤所處時代的政治，即使歌曲內容相似，時代的社會氛圍與政治環境卻有巨大的轉變。林生祥時代的政治運動進入更為草根，更追溯個人土地情感的社會氛圍，不像是「美麗島時代」的政治運動，需要強烈衝撞以圖改變政治體制。聆聽歌曲的感受轉化為更自省的個人內在呼喚，回望我們出身的故鄉與土地。政治運動實踐

也深化為更具有反身性的社會運動，社會關懷的議題從體制上的民主政治，轉換為環境議題與鄉土社區營造。

　　內容相似的兩首歌曲〈美麗島〉與〈遊蕩美麗島〉在政治上有著不同的政治運動結果，但我們仍然可以從中感受相似的情懷，與隱隱激發內心活躍的能量，或許這就是歌曲之於「政治」有著社會動員的力量吧！

## 土地與在地

　　在進入到精神分析的理論前我想多講講關於「土地」的概念。我們可以注意到，政治歌曲假如要訴諸一個關於「我們是誰」這種「群體」的概念，其中一個重要的內涵經常是關於「土地」的。那些具有影響力，讓人反覆傳誦的政治歌曲，通常不是直接了當地要求抗爭，或是直接呼喊理念口號，比較常見且影響深遠的，反而是訴諸土地情懷，向聆聽的群眾訴諸情感是屬於哪裡，或是某個地域。

　　法文有一個字Terroir，一般中文習慣譯作「風土」。在法國，農產品「產地」的概念由來已久，就像我們一般日常生活裡，也不時有著「在地名產」的觀念。對於一個台灣人來說，當提起了文旦，我們就會想到台南麻豆，提到了蓮霧，我們或許會想到屏東。法國農產品可以說是歐洲產區分級制度的典範，有著悠久建立「產地」概念的歷史，現在也有嚴謹的法律規範。以勃根地葡萄酒為例，葡萄酒的釀造超過四百年的歷史，1855年時一位學者Jules

Lavalle考察了勃根地地區的地質，他根據氣候、土壤，還有歷史以及政治等因素，為勃根地葡萄園的土地做出了不同等級的界定，將葡萄園分作特級、一級、二級、三級等，後來成為葡萄酒產區分級的濫觴。雖然要熟記各個不同葡萄園的風土特色並不是件容易的事，但經過「命名」後，各自優秀的葡萄園在其獨特的氣候與土壤條件，以及一代又一代耕作的努力下，逐步累積出屬於各自地塊不同歷史的「風土」。我們可以這樣說，經由地塊的命名，為一代一代生存在土地上辛勤工作、生活的人們創造了歷史紀錄的機會。

當我們詢問農產品來自何處，就好像我們詢問一個人來自於何處？有時候答案僅僅是簡單的一處地方，就足以讓我們聽者有了關於地域與人群的想像；就像那些歌曲裡，經常會訴諸土地與故鄉的情懷，其中令人感動的力量，或許正是巧妙連結了關於「我們從哪來？」或「我們是誰？」這樣的人生大哉問。土地/鄉土的概念聯繫著個人與眾人的關係，把個人聯繫到更廣闊的群體，不僅僅是當代的社群，甚至回溯到更遠古的祖輩。

從政治歌曲對於個人啟發的力量，到其中所牽涉個人與群體的連結，我們可以更深入理解，作為個人存在的探究之於「政治」的深層關係。「風土」一詞倘若我們嘗試改作「鄉土」，這樣或許是更為在地且個人，也更為政治的說法。

## 政治與文明

　　佛洛伊德在講述「文明」時，他給「文明」一個定義：
「文明就是我們人類對抗嚴峻自然所有累積的這些事
情。」12這個講法跟「風土」的概念其實非常相近，某種
程度上可以此解釋，為什麼一群人聽著某一類訴諸鄉土情
懷的歌曲，會有特別的感動，並從歌聲裡受到情感召喚。
「政治歌曲」啟發一個人的「政治性」，一如本篇文章作
為例證的幾首歌，對於有著相似背景、成長經驗的一群
人，會產生「群體」的感覺，而且可以感受到歌曲述說
的，是屬於「我們」的事情。請注意到這個詞：「我們」，
到底怎麼樣才會出現「我們」這樣一個群體的概念呢？

　　佛洛伊德文本中並沒有直接討論「政治」這樣的概
念，但他講述「文明」的內容散布在他的許多篇章。接下
來，我們會從佛洛伊德的文本，討論幾個關於「文明」的
概念，包括：幸福、自由……，然後從個人到群體/群眾，
乃至於「認同」；從個人的心理學逐步深入群眾，以及我
們所理解的「政治」這個概念。回顧歷史（人類在土地上
的活動）就是文明的證明，土地與作物記載人類的文明。

## 個人與群眾

　　佛洛伊德1921年出版《群體心理學與自我分析》，從
那時候開始了精神分析對於「群眾」概念的討論。在第一

<hr>
12　在《一個幻覺的未來》（1927）與《文明及其不滿》（1930），佛洛伊德以人類必
須群聚，共同對抗自然威脅來定義「文明」的發端。

章，他引用了他那個時代的學者，對於「群眾」的各種定義，其中一個重要人物是Gustave Le Bon（1841-1931），他的看法成為後世對於群眾心理學的濫觴[13]。佛洛伊德在1914年經歷了第一次世界大戰，大概經過了六年時間，他寫了《群體心理學與自我分析》，事實上第一次世界大戰時，他曾經針對戰爭發表過他的看法[14]。

我們了解佛洛伊德所處年代，社會相當混亂，他個人還經歷過兩次世界大戰。社會運動與上街遊行，對於當代台灣人而言，是相當熟悉的場景，但在十九世紀末到二十世紀初歐洲，政治運動、遊行、抗議等活動卻是剛剛起步。即使當代我們把人類群聚遊行的歷史往前回溯，從傳統祭典與嘉年華會式的歡慶活動，探究早期社會群眾運動的「政治性」[15]，Le Bon在十九世紀末的文章，仍是最早在理論上，討論「群眾」這個概念的先驅。Le Bon提出他對「群眾」的觀察有以下特徵：同一性與矛盾的消解、智力下降、感染性與受暗示性（suggestibility）。他觀察社會運動的群眾，認為群體活動中，雖然每個人彼此不同，來自於不同的背景，但活動中似乎所有不同的矛盾都會消

---

[13] Gustave Le Bon的名著中文譯作《烏合之眾》，有數個版本的中文翻譯可以參考。原書出版於1895年。

[14]《對戰爭與死亡的思索》（1915），佛洛伊德討論人類對於死亡的看法，以及論證戰爭與文明的關係。

[15]《嘉年華的誕生：慶典、舞會、演唱會、運動會如何翻轉全世界》（Barbara Ehrenreich, 2006）。

解，所有人都被同一化，群體行動會有一致的目標，可能
智力的表現比平常要低，甚至在群體活動，人們會做出平
常不會做的事情。通常群眾會有領導，活動的過程中，群
眾有著特別高的感染性與受暗示性，更容易按照領袖的驅
使集體行動。

　　在佛洛伊德所處的時代氛圍，他很深切地感受、理解
那個時代躁動不安的群體；即使當我們使用社會、群體這
樣字詞時，已經溢出了在分析室空間裡，精神分析關心個
人的那種小框架，而佛洛伊德在他所處的年代，已經透過
精神分析觀點，思考社會與群體的概念。佛洛伊德常用的
字彙是「文明」，或許我們可以把「文明」視作「政治」
的相似詞。從評論Le Bon所描繪的「群眾」概念出發，佛
洛伊德指出，或許群眾未必會是智能低下的，他把群眾的
概念擴張，從街頭運動的群眾，更跨越一步，討論人類文
明有史長久歷史，而且也更具組織化的「群體」，例如軍
隊、教會。這類的「群體」或稱「組織」，超過了Le Bon
所論述的「群眾」範疇，但佛洛伊德的說法，更加延展了
「群體」、「群眾」的概念。他認為教會或軍隊這類有組
織的群眾，會集體做出超越日常的行動，甚至是更高出一
般道德標準的行為，這樣的群體行動在高度組織化後，可
以避免智力低下的行為。

　　而更進一步，相比於Le Bon強調群眾的「受暗示性」
來自於模仿與感染，佛洛伊德則用「力比多」與「愛」來

解釋構成集體心理的本質。佛洛伊德說：「一個集體顯然
地被某種力量連結起來，除了歸功於能把世界上一切事物
聯繫起來的『愛的本能』外，還能歸功於其他甚麼呢？」

## 愛與群體

　　「群眾」的存在，除了群體與首領的關係外，群體中
個體彼此的連結，也是構成群眾概念的重要關鍵。在《群
體心理學與自我分析》中，佛洛伊德用「愛」，或者如他
所說，更為中性的一詞：「情感聯繫」，來解釋這種連結
關係。愛或者愛慾（eros）的概念，在佛洛伊德後期文章
多次提及，例如〈超越享樂原則〉，這是對立於「死之本
能」的「生之本能」。關於生之本能與愛慾（eros），
「愛」的核心內容是有「性目的」的愛，但這並不妨礙其
他和愛相關的內容，諸如自愛、對於父母、子女的愛，或
是友誼乃至於對於全人類的愛。

　　從希臘哲學家柏拉圖使用的字詞愛慾（eros）出發，
在佛洛伊德的觀點，「愛的本能」的源起即是性的本能，
而且他認為這種「愛的本能」，就是把世界上所有一切事
物，聯結成一個群體的力量。這種「愛的聯繫」，我們或
許可以這樣子理解：在幼兒的階段，嬰兒在雙親之一發現
了最初的愛的對象，所有的性本能與欲望滿足都和這個對
象連結在一起，這些性本能所追求的目的，在成長過程中
被壓抑，即使如此，這樣的情感仍隱晦地被保留著，但不

直接指向原初的那個對象。

　　經歷青春期的發展，這樣的情感可能在其他新的對象找到寄託，或許產生了壓倒性的愛慕，或許反倒壓抑著對於自己敬愛對象的憧憬，就像是幼年時的禁制一般。這時候，我們可以推演出「愛」的各種可能發展，諸如對於兄弟姊妹之愛、對於鄰人之愛，或者是同胞之愛，乃至於對於全世界的愛……，正如在新約聖經馬可福音裡寫下的：「你要盡心、盡性、盡意、盡力愛主你的神，其次就是『要愛人如己』，再也沒有比這兩條誡命更大的了。」如果我們把基督宗教裡對於神的愛，視作幼兒對於全能父親的畏懼與向望，那麼聖經裡教誨的「愛人如己」根源何來就非常清楚了。

　　人成長的過程不只有單單面向自己的父母，身處的社會環境或是佛洛伊德所稱的「文明」，也提供成長許多的資源與養分。就像是之前關於風土/鄉土的論述，我們從發源自雙親，性目的受到壓抑的「愛」逐步發展，那些立基於本土、在地，熟悉的吃的、喝的、聽的、看的……，所有我們所熟悉的鄉土構成，逐漸界定了我們所愛的鄰人對象，其中帶有我們熟悉但卻未明的感受。心愛的對象在我們的心裡，有著典範的地位，在這樣的過程中，我們逐漸想像自己成為一個甚麼樣的人。自此，我們將進入「認同」（identification）的觀念，「認同」是精神分析理論，理解一個人與另一人之間情感聯繫，最早的表現形式。

## 愛與認同

　　「認同」是透過一種退行的方式，成為力比多對象聯繫的替代者，像是透過內向投射的方式，把對象歸入於自我。「群體心理學與自我分析」裡的圖示（圖3）解說了這樣的現象，主要是一個外在客體成為內在客體的過程。

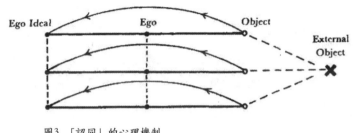

圖3　「認同」的心理機制

　　前段我們討論「群眾」，主要著墨群體之間，個人與個人的聯繫，除了群眾中的個人與個人，還有一個很重要概念是，群眾的「首領」。用伊底帕斯情結舉例，一個小男孩對他的父親有著特殊的情感，希望他長得像父親一樣，各方面都期待可以替代他的父親，簡單地說，他把自己的父親作為他的理想典範[16]。認同父親的同時，這個小男孩會對他的母親，展開對象性的情感投注，這種表現以一種被動的形式，或是小女孩對待父親的態度則正好相

---

[16] 在1913年出版的《圖騰與禁忌》，佛洛伊德以原始部落的想像，描繪了原初父親的概念。圖騰是父親影像的替代，象徵了孩子對於父親的矛盾情感。佛洛伊德也以原始部落群集生活的基礎，說明群聚之於人的必要--為了對抗自然的必然以及因為「愛」。

反。我們可以注意到，這種認同的形式，一開始就是矛盾的情緒，它一方面表現為對某人親近的欲望，但同時也可能會轉變成，要排除某人的願望。正如當小男孩認同於父親時，他會注意到父親正是他與母親之間最主要的障礙，對待母親的愛，成為要替代父親位置的欲望，那麼對於父親的認同，就會染上敵對的色彩。這種關於認同的現象，在現今政治與地域認同上，也可以注意到類似的變形。就像佛洛伊德提出的「相差甚微的自戀」，他舉例英格蘭人與蘇格蘭人明明彼此親近，文化、歷史也有相近性，但反倒是彼此經常互相嘲諷，要表現出彼此不同的樣子，而在伊比利半島上的西班牙與葡萄牙，也有類似的情形，反倒是距離較遠的西班牙人與英格蘭人，就不會有這類親近卻排斥的狀況。如果我們回頭看看自己，台灣目前的地域關係與政治認同，似乎也是相似的情況。

所以佛洛伊德所描繪的客體關係形式，是一個外在的客體被內化，成為心裡的一個部份，可能會放置在一個自我理想（ego ideal）的位置，正如我們所設想的群體首領，或是政治上的領袖；在心理上，自我理想（ego ideal）會對我們的行為產生禁制，達到命令與規範的效果。佛洛伊德後期的文章，自我理想（ego ideal）與理想自我（ideal ego）經常混用，後來就發展為超我（super ego）的概念[17]。

---

[17]「超我」：佛洛伊德在第二精神裝置拓樸論中的人格審級，其角色可被視為自我的審判者、檢視者。傳統上，「超我」被定義為伊底帕斯情結的繼承，其構成是透過內化雙親之禁制與堅持要求。

「超我」是心理結構的管制者，是個體在成長過程中，透過內化父親的形象與社會規範而形成，主要的功能是監督、批判及管束個人的行為。自此，我們可以注意到「超我」的概念涉及「認同」，以及作為個人與群體發生聯繫的重要心理位置。佛洛伊德關於「文明」的討論，「超我」的概念對於理解個人內在道德規範，與外在社會秩序的相互影響，有著重要意義。

## 認同與文明

　　1913年，歐洲瀰漫著即將爆發世界大戰的氛圍，佛洛伊德撰寫了《圖騰與禁忌》，那是佛洛伊德比較早期，開始論述群體關係的篇章。那時候歐洲整個社會都處於動盪不安的狀態，國內的紛亂、歧視與各種社會經濟的轉變，國際間不同國家的衝突乃至於戰爭，歐洲社會幾乎是每一個人都無法獨善其身，置身於社會群體之外。相比於前文，我們討論台灣從戒嚴時期，邁入解嚴的這段期間，當時歐洲社會情勢是更為「政治的」。那時候佛洛伊德的文章裡，並沒有明確出現「政治」這個字眼，但或許我們可以用當時他所講述，關於「文明」的看法，來類比於我們當代所設想的政治。

　　關於「文明」，佛洛伊德最早論述的文章是1908年〈文明的性道德與當代神經症〉，內容主要講述「文明」對於個人「性」的禁制：因為「文明」的禁制，所以人們

必須「守貞」，性對象的選擇也必須有所節制。在他這篇最早講述「文明」的文章裡，文明的發展與人類的「性活動」及其限制，息息相關，包括人際規範與婚姻制度。自此，佛洛伊德討論了人類的性本能，以及依循性本能而行動的「自由」。

在「文明」的掌控之下，人類生育以外的性活動都受到壓制，最後生育變成唯一「合法」的性目標，在這裡，佛洛伊德提起了「自由」。如果我們把「性」從單純的「性行為」，引申、替換成其他人類依照本能而做的行為，社會對於某些行為「規範」與「限制」，其實就是我們當代所理解的「政治」。

二十世紀初，佛洛伊德提出他早期對於「文明」的看法，此時他聚焦在「禁制」。〈文明的性道德與當代神經症〉這篇文章中描述的「性」，似乎成為文明發展的唯一限制的目標，這樣的「泛性論」主張，經常成為後世批判佛洛伊德理論的焦點。佛洛伊德還進一步討論了婚姻制度及其幻滅，包括婚姻制度對於男女不同的要求，以及在婚姻制度下受到限制的性，如何轉換為追求其他私下的性活動，或是昇華為其他的行為。同時，壓抑性本能也會造成其他精神官能症，產生更多的破壞以及轉移性目的行為。這個時期，佛洛伊德從他早期的性學以及神經症發生等相關理論的建構，逐步自個人的心理學推向社會與政治的理論，將個人心理學引申到社會制度的建構，乃至於「文明」

發展的相關論述。

一直到1927年《一個幻覺的未來》以及1930年《文明及其不滿》，佛洛伊德再針對「文明」有比較完整的討論。佛洛伊德給「文明」下了一個定義，首先「文明」是為了幫助人類免於自然災害，涵蓋了人類為征服自然並取用資源的知識與能力；同時，「文明」也包含了調節社會關係，為調配財富分配所需的制度；個人無法單獨生存，但為了群體生活的目的，每一個體都必須犧牲自身的利益。佛洛伊德此時所論述的「文明」，不同於早期著重於文明的「禁制」，他更進一步討論文明「調節」個體不同利益的功能，除此之外，把單純的「禁制」深化為每一個體為了群體生活而不得不的犧牲。「每一個體都是文明的敵人」正說明了，在個體與群體之間彼此拉扯的張力，如果從這個方面來看，「文明」作為個體與群體之間利益衝突的調節，不正是我們所理解的「政治」嗎？但我們不禁要追問，在這一層張力底下，一個人活在「文明」裡，意欲要追求個人的幸福，如何能夠「自由」？

## 文明的其他：自由與追求幸福

關於「政治」，很多人都經常會提到「民主」與「自由」，前文中我們已經從群體逐步聚焦到群體中的個體，於是我們詢問：在社會的規範與禁制下，一個人要如何宣稱自己「自由」？最原初的「自由」形式，在前文明時代

還未有社會規範的限制，「自由」可以簡單地說是順從個人性本能去做想做的事。

　　《文明及其不滿》文中，佛洛伊德將這個問題由「文明」的限制與個體追求「自由」的矛盾，轉向另一個主題：「幸福」。「幸福」有兩個重要目的：消極地抵禦痛苦；積極地享受快樂。在文明之中，幸福的追求到最後可能總會碰壁，因為人類沒有辦法完全抵禦所有痛苦，個體跟他人相處，勢必會有所犧牲。我們沒有辦法消除掉所有的痛苦，積極享受快樂，那在文明中怎麼樣才能追求到「幸福」？佛洛伊德以一種反論的形式辯證得出結論：那就是追求「宗教」。「宗教」會應允人一種幸福，這個幸福讓人可以無條件犧牲，而且就算此生得不到幸福，也會被允諾在身後的世界或是來生可以得到，所以永遠都有可以追求的「幸福」。我們捫心自問：那是真的嗎？所以佛洛伊德在《一個幻覺的未來》中論述「文明」，並從個人幸福追求與群體關係的矛盾中，討論了個人與群體之間的張力。接著他將人類追求「幸福」這樣巨大命題，導向一個現行社會文明常見的解答：「宗教」。佛洛伊德藉此批判宗教所允諾的幸福僅是一種「幻覺的未來」。在《文明及其不滿》他進一步辯證「文明」的內涵，「文明」建立在壓抑「本能」的基礎之上，本能由於受到節制、壓抑，或其他手段限制，因此得不到滿足，而這樣的情形在人類社會關係裡，廣泛地發揮主導作用。

　　由於「文明」並未將自由賜予每一個人，在人類社會中，人們往往會不由自主地反對團體意志，拼命維護個人自由。人類會對現存不公平的現象奮起反抗，並使他們對自由產生嚮往與盼望，佛洛伊德認為這種嚮往與盼望對文明的發展大有好處。我們可以注意到藉由個體與群體的矛盾，透過「文明」、「追求幸福」、「自由」等概念的辯證，佛洛伊德的論述凸顯出一種，當代我們對於「政治」的理解，尤其是群眾抗爭運動，改變社會體制的社會運動歷程。前文我們回顧了台灣政治史上，最動盪的一段社會歷程，似乎正切合佛洛伊德所描繪「文明的發展」；文明的發展與人的發展過程雷同，透過心理學的探究，我們看到了某種歷史發展的必然。

## 幸福進行曲

　　〈幸福進行曲〉這首歌是電影《天馬茶房》[18]的主題曲。電影編劇葉金勝以真人實境，加以虛構劇情，敍述台灣在二二八事件之前，跨越不同生活方式、社會制度的人民生活，以及軍警政與人民間的衝突。〈幸福進行曲〉[19]因為是以二二八事件為背景的電影主題曲，它有一個很大

---

[18]《天馬茶房》為1999年台灣上映的電影，林正盛導演，故事背景為日治末期至國民政府來台後，在台北大稻埕咖啡店天馬茶房發生的愛情故事。男主角林強，女主角蕭淑慎。

[19] 陳明章寫的曲子，電影版由林強演唱，後有收錄在《勿愛問阮的名》專輯。MV可以參考連結: https://www.youtube.com/watch?v=z3DZR0p0UrQ

的時代氛圍，可是我們仔細聽這首歌，歌曲內容寫的卻是很個人的情愛主題。這是一首情歌，歌詞寫道：「因為你，春雪已經化作春天的溪水，因為你，雁行千里鬥陣來相隨。」所有人生目標都聚焦在一個「你」身上，因為這個「你」，生活環境被賦予了意義，因為「你」，北上打拼努力的人有了追尋幸福的目標。

## 〈幸福進行曲〉

因為你冬雪已化做春天的溪水

因為你雁行千里鬥陣來相隨

咱的青春是一段唱不完的歌詩

咱的未來是寫佇日曆紙的愛你

一個人一支吉他抱著希望

阮來到親切的台北城

遇到你是阮緣分　感謝上天對阮的安排

你講你要唱一首歌幸福進行曲

這是阮為你寫的一首歌

日子隨風吹　一生只愛你一個

春夏秋冬　阮沒你怎樣過

一個人一支吉他抱著希望

阮來到親切的台北城

遇到你是阮緣分　感謝上天對阮的安排

　　你講你要唱一首歌幸福進行曲

　　這是阮為你寫的一首歌

　　日子隨風吹　一生只愛你一個

　　春夏秋冬　阮沒你怎樣過

　　你講你要唱一首歌幸福進行曲

　　這是阮為你寫的一首歌

　　日子隨風吹　一生只愛你一個

　　春夏秋冬　阮沒你怎樣過


　　不能不說〈幸福進行曲〉的確是一首描寫「情愛」的情歌，但與此同時，我們在這首曲子裡，卻也能感受到某種「政治」氛圍。台灣人大多熟知二二八事件的歷史意義，這首曲子作為描寫那個動盪時代的主題曲並無違和。如果回到我們在文章開頭，嘗試為「政治歌曲」給出的定義，我們可以注意到，正是「愛」聯繫了個人與群體之間的關係，也正是因為「愛」，賦予了「我們是誰」這個問題一個重要的意義。那麼從個人的「情愛」出發，作為描寫政治動盪的大時代的故事與歌曲，就十分貼合主題了。

　　一切正如佛洛伊德在講述「群體」、講述「文明」時試圖透過各種例子想要證明的，「愛」作為聯繫群體、維繫文明，使我們從「群體」再回歸「個人」的心理學圖像。透過文字似乎總要經過多方論理，提出各種證據，才能稍稍逼近個人之「愛」介於兩人之間、三人之間，乃至於更

大群體的連結。而在音樂裡，一切道理在旋律之間自然而
然地就被感受、明瞭。不過，如果容許再更進一步討論，
我們應該將目光深入，從「愛」再試圖深入於佛洛伊德文
章裡經常討論的，關於「愛」的「矛盾情感」。在激情歌
唱的經驗裡，我們所體驗的「政治」始終是具有兩面性
的，不單是正面的情感，伴隨著還有負面情感，通常是正
面的情感越大，負面的部分也會隨之越強。

## 南方

　　〈南方〉這首歌[20]是歌手林生祥作曲，作家鍾永豐作
詞。歌詞內容書寫的是很個人化的思鄉情懷，曲子的開頭
是半夜起來，人就感覺很緊張，因為想到了故鄉南方。故
鄉的椰子樹、山與河都帶有魔幻寫實的色彩，以擬人的方
式，生動描寫熟悉又令人想念的地景，以及之中隱隱約約
莫名的焦慮。這首歌發行於2009年，從文章一開始講述的
「政治禁歌」到謳歌環境，故鄉地景的〈美麗島〉，或是
帶有抗議色彩的〈島嶼天光〉，到這樣一首幾乎轉向內心
的歌，如夢般描繪歌者在夜半時分，對於故鄉的想像與情
緒，大概大部分的人都很難將這樣的曲子，歸類於「政治
歌曲」。

　　不可否認的，這首曲子非常動聽，甚至，雖然是非常
個人化的情感描述，我們卻可以把這樣的情緒聯結到更廣

---

[20] 歌曲演唱版可以參考連結: https://www.youtube.com/watch?v=sr80ZURRyos

泛，或者說具有普世性的情感。就歌詞內容來說，這首曲子除了外部故鄉山河的摹寫外，也巧妙帶入了對於故鄉的複雜情緒，在正面情感中夾帶了另種反面情緒。如果「愛」一切都是美好的、綺麗的懷想，那又何來緊張呢？

### 〈南方〉

夜半緊張　捱恓起南方

夜半緊張　捱恓起南方

南方南方　近又近

南方南方　遠又遠

捱影到椰仔樹佢最好事

擺擺看天發戀

佢就偷偷剪下心事

捱看到大武山佢最無閒

雲重時雙肩核註天

晴時伸手南牽北連

捱感覺大河壩佢想要變龍

夏至等到颱風

翻身滾尾蹺要穿駁棚縫

捱聽到雷公像細人仔好跋

當晝一過就抨天頂

攏到大人心頭亂扯扯

在第二次世界大戰（1939-1945）前，愛因斯坦透過聯合國的前身「國際聯盟」，向佛洛伊德發出了公開信（1932），他提出了一個問題：「是否有任何辦法能讓人類擺脫戰爭的威脅？」針對愛因斯坦的提問，佛洛伊德於同年9月回覆，不過他們關於戰爭的討論，當時並未受到大眾的注意。在佛洛伊德的回信中，我們可以感受到他對於人類遏制戰爭的悲觀態度[21]，肇因於人類本性源於相互對立的一體兩面：愛欲（eros，柏拉圖在〈會飲篇〉syposium賦予愛神厄洛斯的意義）以及破壞與殺戮的本能。在政治現實上，佛洛伊德以政治聯盟、帝國舉例，強大群體的維繫，必定是以中央的武力遏制群體內的衝突，內部爭端經常唯有訴諸武力方能解決。因此任何想藉著理想的威權取代暴虐武力的嘗試，注定會以失敗收場。畢竟，「權利建立於暴力，而時至今日也需要藉暴力維持。」在這個時期，佛洛伊德已經建構了他對於人性本能的理論：生之本能，他以柏拉圖的「愛欲」名之，以及與之對立的破壞、毀滅，意欲使生命降至原始惰性狀態的「死之本能」。至此，我們從廣大的群眾、群體，以及其所構成的「政治」，逐步將我們的目光深入群體之中的每一個體/個人，窺視個人面向群體的「不安」，其中有著看似堅韌卻又脆弱的連結，以及看似有愛卻也忘不了恨的矛盾情感。

---

[21] 佛洛伊德在〈對戰爭與死亡的思索〉（1915）以及〈為什麼有戰爭〉（1933）（給愛因斯坦的回信）兩度討論「戰爭」。

## 一個案例

　　「社交畏懼症」是目前社會熟知的精神科診斷，是一種對於社交或是公開場合，會感到強烈恐懼或焦慮的情況。這種情況一般人或多或少有經驗，大多數人也可以理解，但嚴重度或有差別，嚴重的人幾乎無法和其他人互動，甚至無法外出。

　　一個有類似狀況的病人，他和人互動都會有強烈的緊張感，站在人前即使只是一般私下的場合，也會緊張到不能說話，甚至恐慌發作。因為這樣的情況，他在學校裡遇到很大的困難，有時候僅僅只是坐在教室裡，都感覺到坐立難安。伴隨著想要開口和其他同學說話的意圖，以及猶豫著如果開口第一句話要說什麼，這樣的念頭就讓他焦慮緊張得徹夜不能成眠。在反覆焦慮與苦惱折磨之下，學習與學校課堂出席也斷斷續續，因此不得不幾次中斷後又再次復學。一開始接受單純藥物治療，後來在病人要求下展開心理治療。那種莫名的緊張感在治療室裡能清楚感受到，緩慢的話速、時不時陷入靜默，有時候結結巴巴說話也難以清楚表達一件事情……，這種焦慮感經常讓人感覺如入五里霧裡，狀況突如其來，不知道問題從何而來，也不知道兩人的談話該往何處前進。病人說：「沒有什麼理由，我也不知道我在怕什麼，我就是會很緊張啊！」很多時候，作為一個治療者，在心裡也不免抱怨，好像是被病人拖著，一起陷在這個不知從何而來、也不知該往何處去

的焦慮不安之中。

「焦慮」在佛洛伊德時代被歸類於現實型精神官能症（actual neurosis），用以區分歇斯底里症。佛洛伊德描述焦慮型精神官能症，是由刺激的累積直接轉換為身體症狀，由於不經由精神的中介，所以症狀不具有象徵性，無法釐清一個可以探究根源的心理意義。當代精神醫學已經很少採用這樣的區分，但臨床上我們仍然經常會看到，有著顯著大量焦慮，卻無明顯特殊對象相關的情況。

這位病人的心理治療大概是從他講述一段故事開始的，有一天他想起了小時候的一件事，並把它告訴治療師：幼稚園時有一次，他偷偷聞了媽媽的貼身衣物，後來還不只一次，他很怕被人發現，因此每次都是躲起來偷偷做這樣的事。他不敢告訴任何人，但有時會想起這樣的往事，這讓他感覺到非常緊張不安。他否認這和他目前在學校裡，和其他人互動會有焦慮緊張的關聯，但不可否認的是，兩種不同情境下的「緊張感」是一樣的感受。幾次治療後，病人講起了另一段過往，他在外租屋的時候，同樓層有另間女生住的房間，房門外有個鞋架，經過那個房門外，他經常會注意到鞋架上的鞋子與襪子，有時候他會摸一下女生的鞋襪。某天，他把女生的襪子拿回自己房間裡聞嗅，雖然事後沒有任何人發現，但是持續的緊張讓他無法再出門，甚至因此休學。病人不記得那個女生的樣子，甚至懷疑是否自己曾經好好看過她的長相，但那種緊張感

對他來說歷歷在目，甚至僅是回憶述及，都是在嘴唇顫抖、坐立不安的情況下，戰戰兢兢地說著。

除了媽媽的事情，這位病人很少提起他的父親，大多時候是抱怨父親的嘮叨。他敘述在他小的時候，父親相當嚴厲，對課業與言行規範要求非常高，不過，自從他上了大學以後，就已經不管父親的要求了，父親怎麼罵就隨便他，有時甚至會回嘴反駁父親。這位病人說，現在父親對於自己影響很小了，那些在社交場合或是學校裡的焦慮，和他的爸爸沒有任何關係。但是，即使他強烈否認，我們仍然會注意到他對於自己課業的要求，以及在學校的成績表現，乃至於未來畢業後的社會成就，都有著超出他目前表現的期待，就好像小時候父親對他的嚴厲要求。以至於無時無刻，這個學生總是表現得非常緊張的樣子，甚至因為太過於在意自己表現的評價，他很難和其他人正常往來互動。

「焦慮」是當代大多數人都理解的情緒表現，尤其是當我們設想自己在某些特定情境，尤其是在眾人面前，你要開口說話、演講，這樣的情景，大部分人光是想像，就能感受到某種內在隱隱躁動的不安。如果不迴避這種焦慮感，不把焦慮簡單丟進佛洛伊德時代，所謂的現實型精神官能症這類找不到象徵，視為沒有來源的情緒，我們或許會找到一種或是多種的內在源由。個人與群體的連結是具有政治性的聚合，就精神分析的觀點，我們可以嘗試深入

群體中的「個體」，找尋那些個體們在群體裡或能連結或無法連結的各自理由。

## 個人與群體：那種無以名之的焦慮

　　高雄是我的故鄉，回到故鄉來演講，對我而言有一種莫名的緊張感[22]。佛洛伊德把個人與群體的緊張感，連結到幼時的伊底帕斯情結，就像是一個小男孩面對父親的時候，一個弱小的個體，希望能得到完全的庇護，所以會期待一個像耶穌基督一樣的全能天父，可以統轄所有的事情。但矛盾的是，除了庇護還會有限制，甚至小男孩會感覺到父親的侵犯。這種認同不是只有愛，還包括了攻擊與威脅。所以對於群體生活、政治，乃至於最極端的暴力——戰爭，佛洛伊德悲觀地認為，人類的天性難以避免戰爭的發生。

　　這篇文章從我在眾人前的演講經驗開始，以「政治歌曲」作為文本，並引用佛洛伊德數篇討論「群體」、「文明」、「戰爭」的文獻，展開對於「政治」的討論。我在書寫時，想像了「一個人在唱歌」的場景，就像是我站在會議廳、講堂對著許多人唱歌。「一個人在唱歌」這樣的想像，讓我思考這個人是什麼樣的人，唱的歌是什麼樣的歌，甚至一個人唱歌是在唱給誰聽。我的想像游移在歌者與聽眾，以及另一個局外觀看的第三者。想著想著，似乎

---

[22] 《應用精神分析工作坊—精神分析與政治》是應用精神分析工作坊第一次跨出台北在高雄舉辦活動，於2019年7月14日在高雄長庚醫院會議廳舉行。

這樣的想像，就產生了許多我與人以及人與人的連結。在那些最具政治激情的時刻，站在舞台上的講演者激情表現自己，舞台下的人們或許深受感動，也或許沒有，某些得到激勵的人，帶著自己的改變離開，或許又再影響了其他人。這就是我所想像的「政治」。所以，對於「政治」、「群體生活」，基於人性或許有不容我們樂觀的部分，但在此刻，我會希望一個人唱歌到這裡，你讀者也好不容易閱讀到了這裡，我們或許因此產生了某種連結。在我心裡想像你讀完後會有所改變，希望這能對你有所幫助。

瘟疫∣政治∣精神分析
# 除了瘟疫，還有人性在挑戰！

作　　者∣許瑞琳、王盈彬、劉又銘、周仁宇、李俊毅、彭奇章、蔡榮裕、單瑜
執行編輯∣游雅玲
校　　稿∣陳穎芝
封面設計∣楊啓巽
版面設計∣荷米斯廣告設計有限公司
印　　刷∣侑旅印刷事業股份有限公司

出　　版∣Utopie無境文化事業股份有限公司
地　　址∣802高雄市苓雅區中正一路120號7樓之1
電　　話∣07-3987336
E-mail∣edition.utopie@gmail.com

初　　版∣2021年 8月
ISBN∣978-986-06019-5-4
定　　價∣380 元

國家圖書館出版品預行編目（CIP）資料

除了瘟疫，還有人性在挑戰！ ／ 許瑞琳,王盈彬,劉又銘,周仁宇,李俊毅,彭奇章,蔡榮裕,單瑜作.
-- 一版. --高雄市:無境文化事業股份有限公司,2021.08 面 ；公分.ISBN 978-986-06019-5-4(平裝)
1.精神分析學 2.政治思想 3.傳染性疾病 4.文集 175.7 110011685